都心から東京湾岸と下総台地を貫き、銚子に至る路線

総武本線
成田線、鹿島線
街と鉄道の歴史探訪

山田 亮

成田線成田〜松岸間電化を記念して1974年11月1日に運転された165系3両の祝賀電車9491M。ホームには祝成田線電化
完成の飾り付けがあり、祝賀電車発車式のテープが張られている。◎成田　1974（昭和49）年11月1日　撮影：宇野 昭

Contents .....

田に水が張られ「初夏」の装いの総武本線を行く183系特急「しおさい」通常は６両編成だが、ゴールデンウイークのため２両増結され８両編成で、６Ｍ２Ｔの強力編成である。
◎日向〜成東　2000（平成12）年４月　撮影：山田 亮

大正〜昭和戦前の沿線風景 (所蔵・文　生田　誠)

錦糸町・錦糸公園駅付近【1935（昭和10）年頃】
国鉄の錦糸町駅の北側には復興公園のひとつ、錦糸公園が存在する。戦前、このあたりには東京市電ではなく、城東電気軌道（城東電車）の路面電車が運行されていた。精工舎の工場が存在した跡地は、複合商業施設「オリナス」となっている。

市川の三本松【明治後期】
市川駅の北側、千葉街道（国道14号）沿いには、「三本松」と呼ばれる老樹が存在した。現在も市川市市川1丁目には、市川三本松郵便局や日本基督教団市川三本松教会といった、三本松にちなんだ施設などが存在している。

市川橋【昭和戦前期】
江戸時代の佐倉街道では、この江戸川に関所と渡し舟があったが、1905（明治38）年に木造の江戸川橋が架橋された。1927（昭和2）年、現在地にこの市川橋（鉄橋）が架けられた後、1960年代に現在の橋に架け替えられた。

中山農事試験場【明治後期～大正初期】
1908（明治41）年、当時の東葛飾郡中山村（現・市川市）に千葉県立農事試験場が開場した。この農事試験場が存在した期間は短く、1913（大正2）年に同郡松戸村（現・松戸市）に移転。現在は千葉市緑区に千葉県農林総合研究センターの本場が存在する。

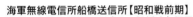

海軍無線電信所船橋送信所【昭和戦前期】
戦前、東葛飾郡塚田村（現・船橋市）行田には、日本海軍の無線電信施設が置かれていた。1941（昭和16）年の太平洋戦争の開戦時、ここから真珠湾攻撃部隊の連合艦隊に対して、「ニイタカヤマノボレ一二〇八」の電文が送信された。

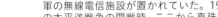

津田沼塩田【明治後期】
明治中期、当時の津田沼村（現・習志野市）に津田沼塩田が造られ、1899（明治32）年に製塩技術を研究するための専売局津田沼試験場が開設された。津田沼試験場は現在、谷津南小学校がある場所の北側付近に1911（明治44）年まで存在していた。

稲毛浅間神社の大鳥居
【明治後期〜大正初期】
京成稲毛駅付近にある稲毛浅間神社
は、戦前には海岸線に近い場所に鎮
座していた。海上には一の鳥居（大
鳥居）が存在したが、この絵葉書では
一の鳥居とともに奥に二の鳥居の姿
も見える。稲毛浅間神社は、平安時
代の808（大同3）年の創建とされて
いる。

稲毛駅【大正期】
到着した蒸気機関車の姿がある稲毛
駅のホーム、駅舎である。この当時
は、相対式ホーム2面2線の構造で、
奥にはホームを結ぶ跨線橋が見え
る。右上に押されているスタンプは、
稲毛海岸にあった旅館・療養施設「海
気館」のものである。

千葉市街【明治後期〜大正初期】
1911（明治44）年に完成した旧千葉
県庁が見える、千葉市内の風景であ
る。千葉市は1921（大正10）年、千
葉町が市制を施行して成立する。こ
の当時は、瓦屋根の日本家屋が連な
る街並みが広がり、洋風建築はまだ
少なかった。

千葉県庁と都橋【大正期】
堂々たる構えの先代の千葉県庁は、1911（明治44）年に竣工している。手前に架かる木の橋は、都川に架かる都橋。この都川は千葉市内を流れる都川水系の本流の二級河川で、やがて葭川と合流して、東京湾に注いでいる。

四街道駅【大正後期〜昭和戦前期】
現在もこの写真と同様、単式と島式を組み合わせた2面3線のホームを有する四街道駅の風景。旅客ホームを結ぶ跨線橋が存在し、右側には貨物ホームも見える。この当時は都賀、東千葉、物井駅は存在せず、隣駅は千葉駅と佐倉駅だった。

佐倉駅【明治後期】
1894（明治27）年、総武鉄道の市川〜佐倉間の開通時に開業した佐倉駅は、東側の起終点駅にふさわしい駅舎、ホームを備えたものだったが、江戸時代から続く佐倉の城下町は北側の高台にあったため、南側の田圃の中に設置された。

鰹節製造場【昭和戦前期】
現在もマグロ・カツオ漁の基地として知られる銚子港だが、銚子の南に続く九十九里では、明治時代では鰹節の生産が盛んで、千葉県は日本で一、二を争う生産高を誇っていた。これは昭和戦前期の銚子の鰹節製造場で、子どもたちも働いていたことがわかる。

干鰯の乾燥【昭和戦前期】
江戸時代、木綿作りの肥料として高価に取り引きされたのが、イワシを干した干鰯である。九十九里のイワシ漁は、この干鰯の大量生産のために盛んになったといわれ、江戸時代から400年間に5回の豊漁期を迎え、浜は大いに賑わった。

犬吠埼燈台【大正後期〜昭和初期】
国の登録有形文化財に指定されている犬吠埼燈台は、1874（明治7）年に初点灯された、日本を代表する灯台のひとつ。太平洋戦争中に米軍の攻撃を受けて破損したが、1951（昭和26）年に復旧工事が完成した。現在は灯台資料展示館も開館している。

利根川汽船【大正後期】
江戸時代から、東京・高橋から小名木川、新川を通って江戸川をさかのぼり、利根川を下って銚子に至る航路があったが、利根運河の開通によって大型船も就航し、利便性は大きくアップした。これは利根川の河口、銚子にあった汽船発着所の風景である。

あしか島駅【大正期】
1913（大正2）年12月には、銚子～犬吠間を結ぶ軽便鉄道として、銚子遊覧鉄道が開通。1917（大正6）年に一度、廃止となるが、1923（大正12）年7月に銚子鉄道の銚子～犬吠～外川間が開業した。これは、海鹿島（あしかじま）駅の風景である。

利根運河【1930年頃】
江戸川と利根川をショートカットで結ぶ、この利根運河は1890（明治23）年、東京と千葉・茨城方面を結ぶ新しい水路として開かれ、昭和初期まで重要な役割を果たした。東武鉄道野田線には、利根運河と交わる付近に運河駅が置かれている。

成田山参道【明治後期～大正初期】
不動尊信仰で有名になった成田山新勝寺に続く参道の風景。名物のうなぎ料理を出す飲食店や土産物店、旅館などが建ち並んでいた。これは人通りの少ない朝の様子と思われるが、右側にはズラリと人力車が並んでいることがわかる。

成田山仁王門【昭和戦前期】
現在も多数の初詣客が集まることで知られる新勝寺は、歌舞伎の市川団十郎・海老蔵ら著名人が崇敬したことでも知られる。この仁王門（山門）は、江戸時代の1830（文政13）年に再建されたもので、国の重要文化財に指定されている。

宗吾電車【大正期】
「宗吾電車」と呼ばれていた成宗電気軌道は、1910（明治43）年から1911（明治44）年の年末年始にかけて、成田駅前～宗吾間が開通した。千葉県唯一の路面電車だったが、京成の傘下に入った後の1944（昭和19）年12月に廃止された。

佐原の山車【大正〜昭和初期】
神話の人物や伝説の動物などを題材にした、佐原の大祭の山車が通過する佐原市内の風景で、江戸時代から舟運で繁栄した街らしく、通りの奥には立派な洋風建築も見える。多くの観光客が訪れる佐原の大祭は、7月と10月に開催されている。

佐原の協橋（忠敬橋）【大正期】
1882（明治15）年に架橋され、佐原の人々が協力して造ったことから「協橋（かなえばし）」と名付けられた石橋である。もともとは江戸時代に大橋（佐原大橋）があり、1968（昭和43）年に架け替えられて、現在は伊能忠敬から採られた忠敬橋となっている。

香取神宮【大正期】
地元の呉服店や名勝エハガキの広告が見える香取神宮の参道、鳥居前の風景。香取神宮は下総国一宮で、全国にある香取神社の総本社である。常陸国一宮、鹿島神宮とは深い関係があり、「鹿島・香取」と並び称される存在となっている。

はじめに

　本書は「街と鉄道の歴史探訪シリーズ」として内房線と外房線に続く第3編である。千葉県の鉄道を概観したとき、房総半島を一周し山と海に挟まれた内房線、外房線の「動」のイメージに対し、九十九里平野あるいは利根川流域の平地を坦々と走る総武・成田線は「静」のイメージがある。だが、沿線には成田山新勝寺、江戸の面影が残る佐原の町並み、日本一早い初日の出で知られる犬吠埼があり、夏の海水浴のイメージが強い房総半島とは異なり落ち着いた印象がある。

　総武本線の東京側起点は東京と御茶ノ水の2か所で、両者は錦糸町で合流する。かつてのターミナル両国はいまでは始発終着列車はなく中間駅であるが、昭和初期建設の壮大な駅舎は健在で国技館や江戸東京博物館の玄関口で下町情緒があふれている。錦糸町から千葉までは線路別複々線が続き、「成田エクスプレス」（NEX）、特急「しおさい」、快速電車、中央総武線各駅停車、コンテナ貨物列車と様々な電車、列車が駆け抜ける。

　千葉都市モノレールの巨大な支柱を見上げる千葉駅は駅中央部で内房、外房線と総武、成田線のホームが二手に別れる特異な形態になっている。1963（昭和38）年の移転時に建設された駅ビルに代わり2018（平成30）年にホーム上部に建設された7階建ての駅ビル「ペリエ千葉」がオープンしている。

　都賀は今ではマンション、戸建て住宅が並び東京近郊のベッドタウンの風情でモノレールと再び交差するが、半世紀前までは丘陵地帯で家などなかった。佐倉から総武本線（単線）と成田線（複線）あわせて3線がしばらく平行するが、成田線と別れてほどなく秘境駅のムードが漂う南酒々井に着く。成東付近から飯岡付近まで平野が続くが海岸までは距離があり海は見えず平凡な景色で眺めていても飽きがくるが、飯岡〜倉橋で高い築堤を上りでハッとさせられる。緑に囲まれた猿田を過ぎ松岸で成田線と合流し市街地へ入ると銚子へ着く。旧海軍航空基地の格納庫を転用した天井の高い駅舎も2018年に建て替えられたが、旅は終わらない。ホームの端から銚子電鉄が外川まで走り犬吠埼への観光客を送り届ける。

　成田線は成田山新勝寺への参拝客輸送を目的に建設されたが、後に京成電気軌道（現在の京成電鉄）が開通し、電車によるフリークエントサービスで「汽車」の国鉄は太刀打ちできなかった。

　1978（昭和53）年から国鉄、京成ともに成田空港への空港連絡輸送が始まり、1991（平成3）年からJR・京成ともに空港地下に乗り入れたが両者の競争は今に続いている。成田から先はローカル線で古い町並みの佐原を過ぎ、香取で左に鹿島線が高架で分岐し、小見川、笹川付近は利根川流域で鹿島臨海工業地帯を遠望し松岸で総武本線と合流する。

　鹿島線で北浦鉄橋はじめ長大鉄橋があり、高架線からは水郷が眺められる。終点鹿島神宮は駅近くに神宮の杜が広がり、鹿島臨海鉄道大洗鹿島線のディーゼル車に接続する。

　本書で総武、成田、鹿島線のこの数十年間の移り変わりを回想していただければ幸いである。

2020（令和2）年4月　山田 亮

1章
総武本線
（東京〜千葉、錦糸町〜御茶ノ水）

両国駅の列車ホームに停車中のディーゼル準急「京葉」。青とクリームの塗分けのキハ20系9両編成（画面手前は片運転台のキハ25）千葉で3方向に分かれ、銚子、安房鴨川（勝浦経由）、館山へ向かった。背後の留置線に鋼体化客車オハ60が見える。◎両国　1960（昭和35）年　撮影：伊藤威信

総武本線の歴史

遅れた千葉の鉄道建設

東京湾を抱き太平洋に突出した房総半島は東西106km、南北130kmの大きな半島だが地勢は南北で対照的である。北部は利根川流域の沖積平野および浸食谷が発達する低い両総台地さらに海岸平野である九十九里平野が広がる。南部は高さ300m級の房総丘陵で山容は標高が低い割には険しく、山々が海岸に迫り平地は少ない。江戸時代より北部では利根川、江戸川、南部では東京湾を利用した水運で江戸と結ばれていた。

関東地方では千葉県の鉄道建設が最も遅れた。武総鉄道は1887（明治20）年11月、東京本所を起点とし市川、船橋、千葉、佐倉、成田を経て佐原に至る約83kmの路線免許を出願し、ほぼ同時に総州鉄道は東京本所を起点に佐倉までは武総鉄道と同じルートで八街、芝山、八日市場を経由し銚子に至る約115kmの路線免許を出願した。だが当時の千葉県知事は「本県は周囲を海および利根川、江戸川に囲まれ水運が発達しており鉄道は必要ない」とその願い出を拒絶した。これは利根川と江戸川を短絡する利根運河（1890年完成）も影響している。そこで両鉄道の発起人たちは合同して総武鉄道が発足した。その陰には成東出身の素封家安井理(はる)民(たみ)（1859〜94）の尽力があった。

1889（明治22）年4月に東京本所〜千葉〜佐倉〜八街間の仮免許が交付され、翌1890（明治23）年1月に総武鉄道は正式に設立された。資金難もあり着工も遅れたが1894（明治27）年7月、総武鉄道は千葉県最初の鉄道として市川〜佐倉間が開通し、同年12月には江戸川を渡り本所（現・錦糸町）に達し、1897（明治30）年6月、本所〜銚子間が全通した。本所〜千葉間は1時間余り、本所〜銚子間は4時間余りであった。1904（明治37）年4月、本所〜両国橋（現・両国）間が開通し東京側のターミナルとなった。

1906（明治39）年3月、鉄道国有法が公布され、翌1907（明治40）年9月、総武鉄道は房総鉄道（千葉〜大原、大網〜東金）とともに国有化された。

京成の開通と総武線の電化

千葉へ行く電車は京成が先行した。1909（明治42）年に創立された京成電気軌道は社名のとおり、東京と成田山新勝寺のある成田との連絡を目的とした。1912（大正元）年11月、押上〜伊予田（現・江戸川）、曲金（現・京成高砂）〜柴又間が最初に開通した。柴又帝釈天への参拝客輸送が目的である。すでに常磐線の金町〜柴又間には1899（明治32）年12月、帝釈人車軌道が開通し、人が7〜8人乗りの客車（人車）を押す人力軌道であったが、1912年に京成が買収し翌1913年10月その軌道敷を利用して柴又〜金町間が開通した。京成最古の路線は金町〜柴又間でそのルーツは人車軌道といわれるゆえんである。

京成は千葉県内に路線を延ばし、1916（大正5）年12月に京成船橋まで、1921（大正10）年7月には京成千葉まで開通し、東京（押上）と千葉は電車で結ばれたが、当時の京成千葉駅は現在と異なり市の中心部にあり、今は千葉中央公園になっている。これにより乗客の多くが平行する国鉄（当時は鉄道省）から京成に移った。

国鉄は両国始発で都心との連絡は隅田川を渡らねばならず当初は渡船のちに市電、バスで連絡したが不便だった。都心への直通運転は懸案であったが、1923（大正12）年に発生した関東大震災からの復興計画の一環として実現した。両国〜御茶ノ水間に高架線を建設して都心と結び、同時に総武本線を電化して省線電車を運転することになった。1932（昭和7）年7月、両国〜御茶ノ水間高架線が開通して電車運転が始まり、翌1933年3月に市川、同年9月に船橋まで延長された。市川までの電化時、地元の「祝電車開通」の提灯（ちょうちん）行列に対し「先に京成電車が開通しているではないか」と京成の社長が抗議したとのエピソードがある。千葉への電化は1935（昭和10）年7月で、両国発の「汽車」は両国〜千葉間無停車になった。これによって都内〜千葉間は国鉄が優位になった。

戦後の総武本線

昭和戦前から戦中戦後にかけ、総武線の「汽車」は8620形蒸気機関車が木造客車を牽引し、「ハチロク街道」といわれた。敗戦直後は沿線が農村である千葉以遠の総武線に米、芋、魚などを求める買出し客や「闇屋」といわれた人々が殺到し、貨車も動員され鈴なりであった。

総武本線も房総東西線（現・外房線、内房線）と同じく大正時代に製造された木造客車が主力だったが戦中戦後の酷使で老朽化し危険ですらあった。そこで1949（昭和24）年から車体の鋼体化工事が始まり1954年までにオハ60、61系となったが、背板は板張り、座席間隔は狭く、台車も木造車の再利用で乗り心地もよくなく快適とはいい難かった。

世の中も落ち着いてきた1950年代前半、国鉄は千葉地区をディーゼル化モデル地区とし、1954（昭和29）年10月から房総東西線はキハ17系（当時の形式はキハ45000系）により大幅にディーゼル化されたが、総武本線は一部列車がディーゼル化されただけで、相変わらず客車列車が主力で、牽引機はC57、C58と8620が主力だった。

ディーゼル準急の登場

総武本線初の優等列車は1958（昭和33）年7月に両国〜銚子間に登場したディーゼル準急「犬吠」でキハ20系を使用し、両国〜銚子間を約2時間で結び、普通列車より1時間以上速かった。同年11月から両国〜千葉間で両国〜館山間、両国〜安房鴨川（房総東西線経由）の列車を併結し「房総」と改称されたが時刻表には「房総（犬吠）」と表示された。

1961（昭和36）年10月の全国ダイヤ改正時には準急は4往復（「総武」「京葉」各2往復）で「総武」は両国（または新宿）〜佐倉間で成田線佐原発着の編成を、「京葉」は両国〜千葉間で房総西線館山発着および房総東線安房鴨川発着の編成を併結した。1962年10月から本数は4往復のままだが愛称は「犬吠」となり、両国（一部新宿）〜佐倉間で成田線佐原、小見川発着の「水郷」が併結され、房総東西

線列車との併結はなくなった。この頃からキハ58系（として1エンジンのキハ28）が投入され、1963（昭和38）年4月28日から千葉駅が移転している。

1966年3月から運賃改定に伴い100km以上の準急は急行となり、「犬吠」も急行となったが時刻の変更はなく4往復のままだった。ダイヤ改正ごとに増発される房総東西線とは対照的であるが、観光客、海水浴客が少なく、沿線と千葉市および都内を往復する用務客が多いことを反映している。

さよなら蒸気機関車

1968（昭和43）年3月、千葉〜佐倉〜成田間の電化が完成し、101系および旧型72系ローカル電車が登場した。同年10月の「43−10」全国ダイヤ改正では「犬吠」は下り1本（両国発19:12）が増発され、都内で時間を有効に使えると好評だったが、それ以外は大きな変化はなく、SL（C57、C58）牽引の客車列車が下り7本、上り6本運転されていた。

しかし、翌1969年には大きな変化が訪れる。同年7月に房総西線（現・内房線）が千倉まで電化されたが、総武本線の蒸気機関車も同年から翌年にかけて旅客、貨物ともディーゼル機関車（DD51、DE10）となった。同年9月30日、千葉〜銚子間でC57牽引のさよなら列車が走った。

北総電化と電車特急の登場

ディーゼル王国だった千葉の国鉄も1972（昭和47）年7月、総武本線東京〜錦糸町間の地下新線が完成した。錦糸町〜津田沼間が複々線化され快速線と緩行線が分離され、同時に房総東線（現・外房線）の電化が完成し、183系の特急、113系1000番台の快速が運転開始された。引き続き、総武、成田、東金、鹿島線が電化され、北総電化と言われた。すでに電化された外房線、内房線と動力方式を統一するためでもあった。

1973年9月28日、成田線の我孫子〜成田間及び東金線が電化され、翌1974年10月26日には総武本線佐倉〜銚子間、成田線成田〜松岸間、鹿島線が電化され千葉県内の国鉄は久留里線、木原線（現・いすみ鉄道）を除いて電化が完成した。電化完成時に

ローカル列車は電車化されたが旧型72系電車が投入され、2時間以上走るにもかかわらず4ドア、ロングシート、便所なしでドアの半自動化も行われず、交換待ちの際は寒風が吹きこみ、かえってサービスダウンと不評で、特急に乗せるための陰謀との声もあった。

1975（昭和50）年3月10日、新幹線博多開業に伴うダイヤ改正で、総武本線東京〜銚子間に183系電車特急「しおさい」が5往復登場したが、走行距離120.5kmの短距離特急で所要時間も従来の急行より15〜20分程度短縮されただけで実質的値上げといわれた。急行「犬吠」も165系電車となり2往復が残った。1977年9月には不評だった旧型72系のローカル電車も113系となった。1982（昭和57）年11月の上越新幹線開業に伴うダイヤ改正で急行は廃止され特急に統合された。

総武本線国電の変遷

御茶ノ水〜千葉間の総武本線「国電」について

述べると、1960年代初めまで3ドアのクモハ41、クハ55と4ドアの72系が混用されていたが1963（昭和63）年10月から山手線から転入したカナリアイエローの101系が投入された。これはラッシュ時混雑の激しさが理由だが、翌1964年の東京オリンピック開催を控え国立競技場のある千駄ヶ谷、信濃町に停車する中央本線各駅停車（総武本線と直通運転）のイメージアップを図る狙いもあった。1969年4月にすべて101系となり新性能化が完了した。1979年2月から103系が投入され、さらに1982年8月から201系が、1989年8月から205系が投入され、一方101系は1988年12月に引退している。1998年12月から209系、2000年3月からE231系（0番台）が投入された。2000年から2001年にかけては103、201、205、209、E231の5形式が運行されていたことになる。

その後2001年3月に103系が引退し、2001年11月には201系、205系が京葉線など他線区に転出し、2014年11月には209系500番台が転出した。2014

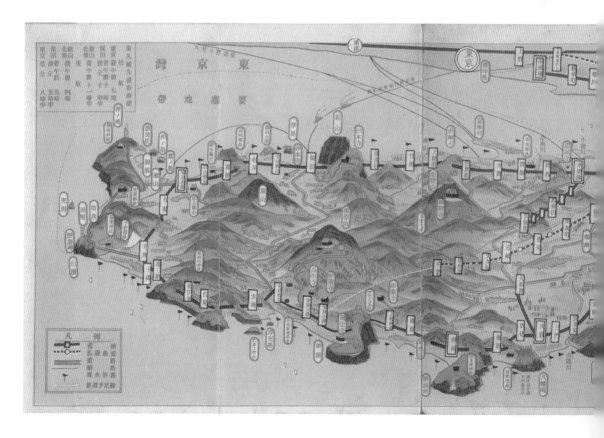

年12月から山手線へのE235系の投入で転入したE231系500番台への置き換えが始まりE231系（0番台）は他線に転出して現在に至っている。E231系（0番台）に連結されていた6ドア車は引退した。

また、西船橋〜津田沼間を地下鉄東西線に乗り入れる車両として最初に投入されたのは301系である。その後、増強用として103系1200番台が登場し、一時期は常磐緩行線から103系1000番台も転入した。現在はE231系800番台がJR区間としては西船橋〜津田沼間及び中野〜三鷹間の運用に就いている。

総武本線の今

1987年4月のJR東日本発足以降も総武本線は特急が183系、普通が113系で運転され1993年登場の255系も投入されず、2000年代に入っても国鉄時代のままで次々と新型車が投入される他線区との格差も目立っていた。2005年12月に「しおさい」の183系は255系およびE257系500番台に置き換

えられ、2006年10月から211系3000番台が東北本線、高崎線から転入して113系とともに運行された。

さらに2009年10月から209系2000番台・2100番台（2000番台はドアエンジンが空気式、2100番台は電気式、それ以外は同じ）が運行を開始した。それに伴い211系は2011年9月で定期運用が終了し、113系も2011年9月に定期運用が終了した。現在の普通電車はすべて209系2000・2100番台で運行され先頭および最後部（クハ208、クハ209）は一部がクロスシートになっており、編成中に1ヶ所便所が設置されている。

現在の総武本線は佐倉までは成田空港への成田エクスプレスや快速電車が頻繁に運行されているが、成東〜銚子間は電化された1975年頃と本数も所要時間もさほど変わっていない。特急「しおさい」は255系（一部はE257系500番台）だが、東京〜銚子、旭、八日市場、成東間に高速バスが多数運行され、その影響で苦戦しているのが現実だ。しかし地域の足としての重要な役割は今後とも変わらない。

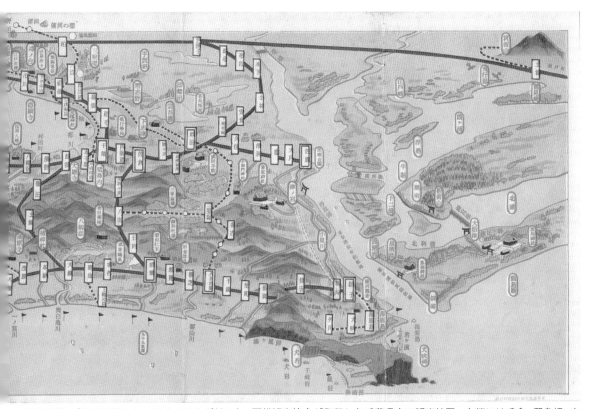

夏の房総 「夏の房総」というタイトルが付いた、房総観光協会が発行した千葉県内の観光地図。左端には千倉、野島岬、右端には銚子、鹿島灘が配されており、房総半島などが横長に描かれている。国鉄線は赤い太線で示され、東京方面からの総武本線が千葉駅に至り、外房・内房線に分かれている。総武本線はその先の銚子駅、成田駅、佐原駅までは延びているが、佐原〜銚子間は結ばれていない。佐原〜笹川間が開通するのは1931（昭和6）年である。

総武本線が乗り入れるための地下工事が行われていた頃の東京駅、丸の内側の地上風景である。工事が完成するのは1972（昭和47）年5月であり、丸の内側の地下5階に総武快速線・横須賀線の地下ホームがオープンした。
◎東京　1970年頃　撮影：山田虎雄

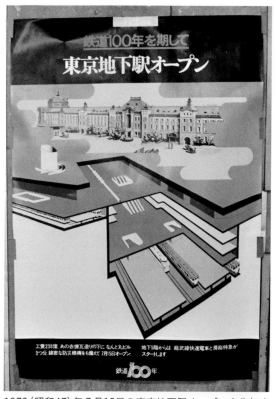

1972（昭和47）年7月15日の東京地下駅オープンを告知するポスター。赤レンガ東京駅と地下5階の地下駅を対比させた。東京駅丸の内口は建設時の丸型ドーム駅舎が描かれている。◎東京　1972（昭和47）年7月15日　撮影：山田亮

映画「涙の連絡船」をもじった、N'EXのポスター。この頃、同じような趣向のポスターが数多く見られた。
◎東京　1993（平成5）年7月24日　撮影：長谷川明

1972年7月に完成した東京地下駅に停車中の183系特急「あやめ」（左）と「わかしお」（右）。いずれも短距離特急で従来のディーゼル急行と比べたいしてスピードアップされていないのに特急料金を取られ、実質的値上げといわれた。◎東京　1978（昭和53）年　撮影：小川峯生

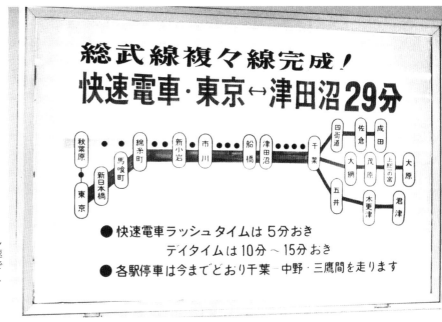

1972（昭和47）年7月15日に開業した総武線複々線化のポスター。快速電車は113系1000番台11両編成で東京〜津田沼間を中心に成田、大原、君津まで足を延ばした。
◎東京　1972（昭和47）年7月15日
撮影：山田 亮

「総武線新ルート　東京地下駅開業」の看板が見える東京駅の丸の内北口付近。3年後の1975（昭和50）年3月には総武本線が全線電化され、急行「犬吠」から昇格した特急「しおさい」が東京駅から銚子駅方面に向かうことになる。◎東京　1972（昭和47）年7月　撮影：山田虎雄

錦糸町駅に停車中のキハ26 400代の準急「水郷号」。キロ25形グリーン車の格下げ車で、リクライニングシート装備のキロ28の登場で普通車として使用されていた。転換座席は向かい合わせに固定して使用。1974年の電化により165系電車に交代した。◎錦糸町　1972（昭和47）年 8月13日　撮影：長谷川明

錦糸町に到着する101系の下り総武本線各駅停車市川行き。画面右では複々線化工事で快速ホームの工事が行われている。◎錦糸町　1969（昭和44）年　撮影：矢崎康雄

クモハユ74002＋クモユニ74103＋＋ハユ74003＋クモユニ74104　4両編成の「新聞輸送電車」の送り込み回送。両国～千葉間をこの形で走り、千葉で分割して内房・外房・総武・成田の各線列車に1両づつ併結して運転された。◎錦糸町　1975（昭和50）年 3月30日撮影：長谷川明

錦糸町駅は1894（明治27）年12月、総武鉄道の本所駅として開業している。総武鉄道が国有化された後、1915（大正4）年5月に現在の「錦糸町」に駅名を改称した。「錦糸町」の駅名は、現在の北斎通りに存在した「錦糸堀」に由来する。◎錦糸町 1968（昭和43）年　撮影：山田虎雄

検測しながら両国に向かうクモヤ192－1＋クモヤ193－1。改造車だったクモヤ191＋クモヤ190-1に対しこちらは1980（昭和55）年近車製の新造車、山手、京浜東北線にATC導入に際しATC測定機器を搭載し、架線測定にレーザー使用で日中の検測が可能となった。E491系East i にバトンを渡し2013（平成25）年に廃車された。◎錦糸町　撮影：長谷川明

EF58 89＋スーパーエクスプレス・レインボー＋EF58 61の 編成で、成田線を走った臨時列車。
◎錦糸町　1992（平成4）年9月
撮影：長谷川明

錦糸町〜平井周辺（明治42年）

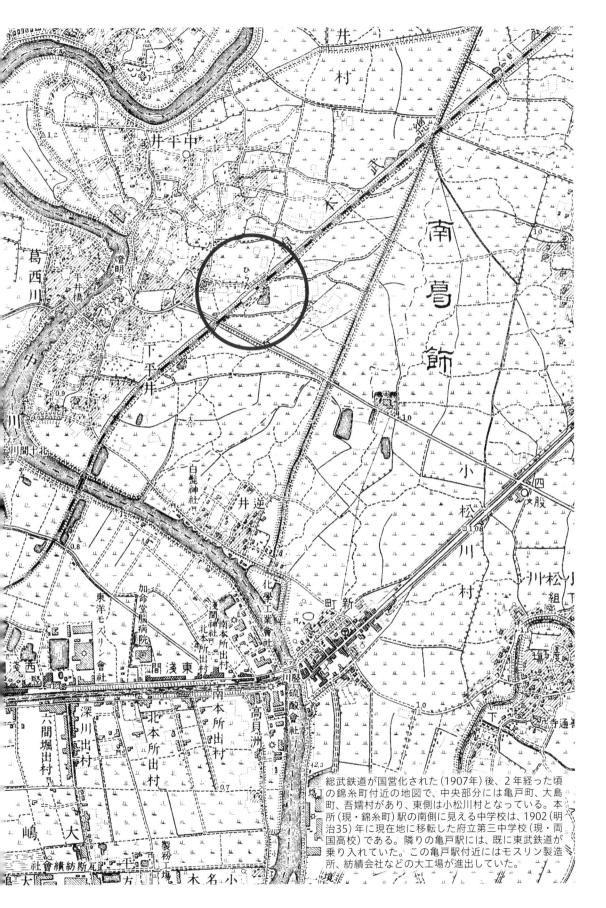

総武鉄道が国営化された（1907年）後、2年経った頃の錦糸町付近の地図で、中央部分には亀戸町、大島町、吾嬬村があり、東側は小松川村となっている。本所（現・錦糸町）駅の南側に見える中学校は、1902（明治35）年に現在地に移転した府立第三中学校（現・両国高校）である。隣りの亀戸駅には、既に東武鉄道が乗り入れていた。この亀戸駅付近にはモスリン製造所、紡績会社などの大工場が進出していた。

1904（明治37）年3月に総武鉄道の駅として開業した亀戸駅。同年4月には東武鉄道亀戸線の駅も開業した。「亀戸」の地名はもともと「亀井戸」だったとされ、梅まつり、藤まつりで有名な亀戸天満社（亀戸天神）の最寄り駅でもある。
◎亀戸　1970（昭和45）年　撮影：山田虎雄

総武鉄道の開業から5年たった1899（明治32）年4月に開業した平井駅。戦前からの駅舎は太平洋戦争時の1945（昭和20）年3月、東京大空襲で焼失した。これは現在のような高架駅に変わる前の地上駅舎時代の駅前風景である。
◎平井　1967（昭和42）年　撮影：山田虎雄

単線高架の越中島貨物線を行く新小岩から小名木川貨物駅へ向かうDD51牽引の貨物列車。小名木川貨物駅は2000年12月に廃止された。◎平井〜亀戸　2000（平成12）年　撮影：矢崎康雄

新金線（金町〜新小岩）新中川鉄橋を渡るEF64 38（高崎車両センター）が牽引するレール輸送列車。小名木川貨物線を経由し越中島の東京レールセンターへ向かう。◎金町〜新小岩

「更新修繕-Ⅱ」工事前の、原形に近い戦前型40系3扉車で揃った総武本線上り電車を後部から撮影。5両目のスカ色は横須賀線からの転属車サハ57。最後部はモハ41の1936年製普通タイプ、3両目は張り上げ屋根の1937年製。◎市川〜小岩　1954（昭和29）年3月　撮影：長谷川明

101系使用の「快速成田号」が江戸川橋梁を渡り千葉県に入る。総武本線は1968（昭和43）年5月の成田山御開帳に合わせて、千葉〜佐倉〜成田間が電化された。当初は70系により運転されたが、その後は、中野〜木更津間の快速電車運転開始とともに101系に変わった。◎小岩〜市川　1969（昭和44）年1月15日　撮影：長谷川明

江戸川旧橋梁を渡るクモハ73先頭の総武本線電車。戦後の車両配置は、津田沼電車区に戦前製3扉車が、中野電車区には72系（←モハ63系）が配置されていた。1950年代後半から混雑緩和のため4扉車化が進み、3扉車は南武線などの周辺線区に、さらに地方ローカル線に都落ちして行った。◎小岩〜市川　1966（昭和41）年1月15日撮影：長谷川明

この新小岩駅は、東京23区内のJR駅では比較的新しい駅である。1926（大正15）年2月、新小岩信号所としてスタートし、新小岩操車場を経て、1928（昭和3）年7月に新小岩駅に昇格した。これは当初から駅舎があった南口駅前の風景である。◎新小岩　1967（昭和42）年　撮影：山田虎雄

江戸川区北側の玄関口となっている小岩駅は、総武鉄道時代の1899（明治32）年5月に開業している。客待ちをするタクシーが並ぶこの南口駅前は、現在もアーケード商店街などが残っており、下町の風情が残る飲食店なども多く存在している。◎小岩　1967（昭和42）年　撮影：山田虎雄

現在の総武本線の起源である、総武鉄道は1894（明治27）年7月、市川〜佐倉間が開業し、この市川駅は一時的に西側の起終点駅となっていた。市川橋、江戸川橋梁を渡れば、東京都江戸川区であり、この当時は路線バスでも東京駅と結ばれていた。
◎市川　1967（昭和32）年　撮影：山田虎雄

市川駅を通過する急行「犬吠」、最後部はクモハ165-136。「犬吠」は1958（昭和33）年登場の総武本線初の優等列車で、キハ25でスタートした。その後「房総」「京葉」「総武」と名称を変更しつつ多層建て列車に加わり、1962（昭和37）年「犬吠」が復活。1975年3月特急「しおさい」運転開始時に電車化され、165・153系の2往復に。1982年11月に急行の全廃で廃止された。
◎市川　1982（昭和57）年8月23日
撮影：長谷川明

EF80からその任を受け継いだDD51は、2001年秋から再び電機の牽引に戻った。最終日のマークを付けたDD51 1801の牽く1455レ。◎市川〜本八幡　2001（平成13）年9月30日　撮影：長谷川明

成田詣での京成電鉄との競争で、距離のハンデを負っていた国鉄だが、戦後キハ45000系の登場でスピード競争を挑んだ。3427D快速「成田号」は、この年の正月から5月、9月の参拝月に運転され「両国～成田60分」がキャッチフレーズのスピード列車だった。キハ45000（→キハ17）＋キロハ47000（→キロハ18）＋キハ45000 ◎市川～本八幡 1956（昭和31）年5月 撮影：長谷川明

大晦日の成田山初詣輸送は、戦前から京成電鉄との間で、激しい競争が展開されていた。総武本線の複々線化以後、国鉄は、113・165系を使用して東京・新宿から快速「初詣成田号」を大増発した。◎市川 1980（昭和55）年12月31日 撮影：長谷川明

静岡発の成田山詣の団体臨時列車で、すでに東海道本線東京口では見られなくなった80系が10連で使用されていた。「成田臨」は、総武本線経由と成田（我孫子支）線経由で、関東・中部の各地から、さまざまなジョイフルトレインや波動用車両を使用して多数の列車が運転されていた。◎市川 1973（昭和48）年1月23日 撮影：長谷川明

中央・総武線各駅停車に転用された、もと中央快速線のオレンジ塗色のクモハ101-195編成で、誤乗防止に前面に大きな表示が貼付されている。◎市川 1984（昭和59）年10月29日 撮影：長谷川明

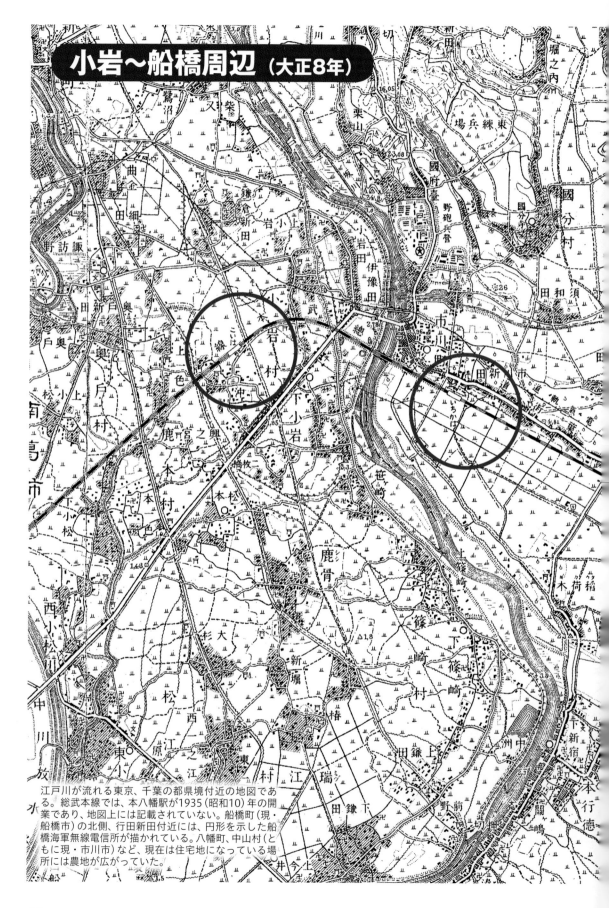

小岩〜船橋周辺（大正8年）

江戸川が流れる東京、千葉の都県境付近の地図である。総武本線では、本八幡駅が1935（昭和10）年の開業であり、地図上には記載されていない。船橋町（現・船橋市）の北側、行田新田付近には、円形を示した船橋海軍無線電信所が描かれている。八幡町、中山村（ともに現・市川市）など、現在は住宅地になっている場所には農地が広がっていた。

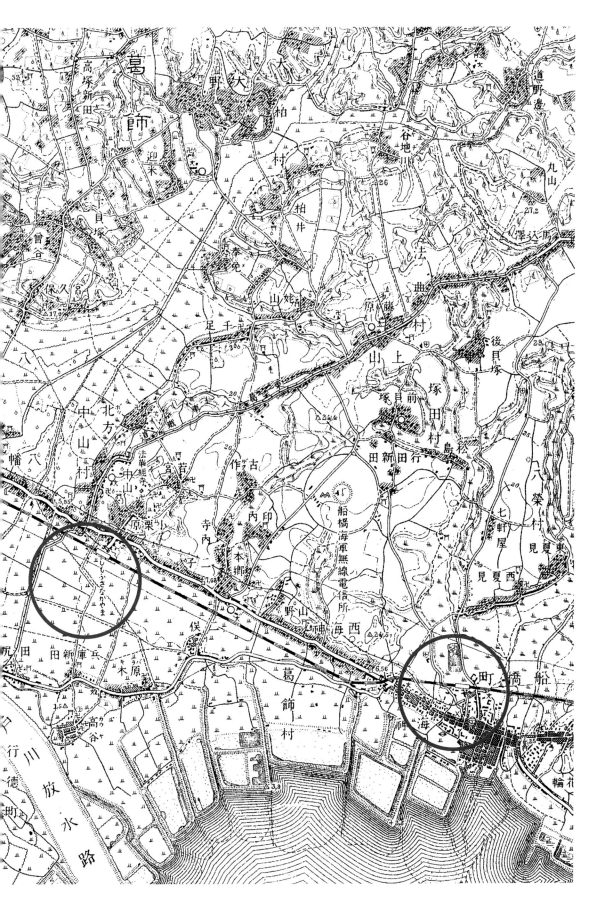

南側に延びる北越製紙市川工場への専用線が存在した頃の総武本線、市川駅付近の空撮写真である。市川駅の北口側には既に駅前ロータリーが存在しているが、南口側はまだ未整備の状態だった。すぐ北側には、総武本線に並行する形で、江戸の街道の名残を残す千葉街道（国道14号）が走っており、付近には緑の木々が多く残っていたこともわかる。◎市川駅付近 1953（昭和28）年12月15日　提供：朝日新聞社

クハ79920代の全金属製編成の総武本線上り電車。このスタイルが90系（→101）系に継承された。線路の南側は、まだ一面の水田の間に工場が点在していた。◎本八幡～市川 1957（昭和32）年8月 撮影：長谷川明

地平時代の本八幡駅に停車中の総武本線下り電車。本八幡は電車化1年後の1935（昭和10）年に開業した、貨物側線を持たない電車駅だった。最後部は1934年の同線電車化に際して新製配置された両運転台の旧モハ40形を、戦時中に収容力増加のため片側運転台を撤去したモハ41形で、日中は5両編成、混雑時には2両を増結して運転。◎本八幡 撮影：長谷川明

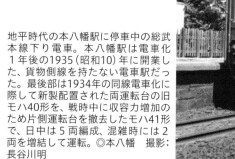

本八幡駅は1935（昭和10）年9月に開業した、総武本線の中では比較的新しい駅である。開業当時、京成本線には八幡駅（後に廃止）、新八幡（現・京成八幡）駅が存在しており、「本」が付いた駅となった。「八幡」は市川市内の葛飾八幡宮に由来している。◎本八幡 1968（昭和43）年6月9日 撮影：荻原二郎

クモハ165-126先頭の急行「鹿島」。同急行は、1975（昭和50）年3月の改正からDC急行「水郷」に代わって運転を開始した。特急「あやめ」を補完して運転されたが、1982年11月に廃止された。◎本八幡　1982（昭和57）年8月23日　撮影：長谷川明

クハ111・EF80 40 複々線完成後の総武本線電化区間では、新小岩操～佐倉・蘇我間の貨物列車に、田端機関区のEF80が使われていた。◎本八幡　1979（昭和54）年4月15日　撮影：長谷川明

中央・総武線各駅停車に使用中のクハ205—95。1988（昭和63）年に発生した東中野事故の廃車補充用（201系）に、埼京線用に製造中の2編成が黄色帯で投入された。これにより、東西線直通用の301系・103系と帯色が同じとなり、誤乗防止のため地下鉄乗り入れ用車両の帯色が、営団地下鉄（現・東京地下鉄）と同じスカイブルーに変更された。2001年まで使用。◎本八幡　1992（平成4）年6月28日　撮影：長谷川明

地平時代の本八幡付近の光景。佐倉～銚子は非電化区間であったため「犬吠」には気動車が使用されていた。関東最東端の地、犬吠埼に由来する「犬吠」は1958（昭和33）年7月に両国～銚子間の準急として登場した。
◎本八幡　1970（昭和45）年

総武鉄道が開業して1年余りがたった、1895（明治28）年4月に開業した際は「中山」を名乗っていたが、1915（大正4）年9月、現在の駅名「下総中山駅」となっている。「中山」の地名は駅の北東にある日蓮宗大本山、中山法華経寺に由来する。
◎下総中山　1968（昭和43）年6月9日　撮影：荻原二郎

成田臨でやってきた高崎支社のモントレー色165系。この時代、大晦日・三が日の初詣輸送が終わると、首都圏の各地から、様々な車両を使用した「成田臨」が1月末まで多数運転され、ファンの大きな楽しみだった。
◎下総中山　1991（平成3）年1月15日　撮影：長谷川明

「祝 営団東西線全通」の文字が見える総武本線の西船橋駅。1969（昭和44）年3月、都心への新しいアクセスとなる営団（現・東京メトロ）東西線が乗り入れたことで、一挙に便利な駅となり、利用者も増加した。「電車区間臨時出札所」の幕も見える。
◎西船橋　1969（昭和44）年　撮影：山田虎雄

現在は武蔵野線、京葉線と接続するこの西船橋駅には、東京メトロ東西線、東葉高速鉄道東葉高速線も乗り入れている。総武本線の西船橋駅の開業は1958（昭和33）年11月で、10年後の1968（昭和43）年12月、この新駅舎に移転している。
◎西船橋　1969（昭和44）年　撮影：山田虎雄

東京オリンピックから4年後の1968（昭和43）年、複々線化の工事が進められていた頃の総武本線、西船橋駅周辺の空撮で、この頃は駅の周辺にまだ多くの農地が残っていた。この1年後（1969年）、営団地下鉄（現・東京メトロ）の東西線が開通し、1978（昭和53）年には武蔵野線も開業し、西船橋駅は巨大なターミナル駅に発展する。◎西船橋駅周辺　1968（昭和43）年5月14日　提供：朝日新聞社

高架複々線となり、全く様相が変わってしまった現在では想像もできない地平時代の船橋駅。停車中の電車は中野区の折り返し電車で、珍しくクハ38（→クハ16 0代）が先頭だ。並行する隣のホームは東武野田線である。◎船橋　1952（昭和27）年 8 月20日　撮影：長谷川明

巨大な近代駅に変わる前、地上駅時代の船橋駅である。現在は人口約64万人を有する千葉県第 2 位の大都市、船橋市の玄関口として、島式ホーム 2 面 4 線をもつ高架駅になっている。船橋駅の開業は1894（明治27）年 7 月のこと。◎船橋　1966（昭和41）年 2 月20日　撮影：荻原二郎

複々線化開業して間も無い船橋駅付近。101系各停停車、113系快速、京成電鉄3000系が満員の通勤客を乗せて、それぞれ都心に向かう。◎船橋〜西船橋　1972（昭和47）年 8 月　撮影：長谷川明

船橋駅に到着する101系の上り総武本線各駅停車。船橋駅は1972年7月の複々線化に先立ち1970年9月に高架化された。
◎船橋　撮影：山田虎雄

1977（昭和52）年10月に船橋駅北口に開店した東武百貨店船橋店。船橋駅南口には西武百貨店船橋店が1967年に開店したが2018年に閉店した。◎船橋　撮影：山田虎雄

船橋駅南口。京成船橋駅とは至近距離にあり京成と国鉄の乗り換え客が多かった。京成電鉄は地上線で踏切は大変な混雑だったが、2006年11月に京成も高架化され朝夕の混雑は解消された。◎船橋　撮影：山田虎雄

国鉄の船橋駅と京成船橋駅が並ぶ、船橋市の本町付近の空撮写真である。中央を横切るのは総武本線で、上が南（海）側である。手前に見えるには東武百貨店船橋店で、線路を挟んで西武百貨店船橋店がある。上側には丸井、長崎屋の店舗も存在している。東武百貨店のビルには、大宮駅との間をつなぐ東武野田線の船橋駅が入っている。◎船橋駅付近　1977（昭和52）年11月18日　撮影：朝日新聞社

1981（昭和56）年10月1日、幕張本郷駅と同じ日に開業した東船橋駅は、当初から橋上駅舎となっていた。駅の所在地は東船橋2丁目で、駅の南北に位置する市立船橋高校、県立船橋高校の生徒たちが乗り降りする駅となっている。◎東船橋　1981（昭和56）年　撮影：山田虎雄

地上駅舎があった頃の津田沼駅の駅舎である。津田沼駅は1895（明治28）年9月、総武鉄道の駅として開業している。「津田沼」の駅名の由来は、1889（明治22）年に誕生した津田沼村で、合併前の「谷津」「久々田」「鷺沼」村から一字ずつ取って命名された。
◎津田沼　1962（昭和37）年5月13日　撮影：荻原二郎

総武本線の車両基地、津田沼電車区で1934（昭和9）年の電車化時に新設された。3扉の40系配置のころで4扉の72系と混成されていた。2両目は横須賀線から転入のサハ57で、同線で代用2等車として使用後に、70系配置により転属して来た。津田沼電車区は1986年に習志野電車区となり、2003年に車両を三鷹電車区に移管し廃止され、現在は三鷹車両センターの滞泊所となっている。◎津田沼電車区　1953（昭和28）年3月26日　撮影：長谷川明

宅配便の無かった時代、各駅では手・小荷物を扱っており「荷物電車」が運転されていた。木造車を鋼体化したモニ53020（→クモニ13020二代目）が、まだ田園風景の中を津田沼駅に進入する。◎船橋〜津田沼　1953（昭和28）年5月3日　撮影：長谷川明

現在は京成津田沼駅とともに、人口約17万人の習志野市の玄関口となっている津田沼駅。かつて、駅前にはパルコ、ダイエー、高島屋、丸井などの大型商業施設が次々に進出し、「津田沼戦争」と呼ばれる熾烈な覇権争いが展開された。◎津田沼　1979（昭和49）年　撮影：山田虎雄

このJR津田沼駅と連絡する駅としては、新京成線の新津田沼駅が存在している。新津田沼駅が置かれているのは総武本線の北側で、両駅の間は賑やかな繁華街となっている。一方、南側には旧鉄道連隊の跡地に建つ、千葉工業大学の津田沼キャンパスがある。◎津田沼　1993（平成5）年8月25日　撮影：山田虎雄

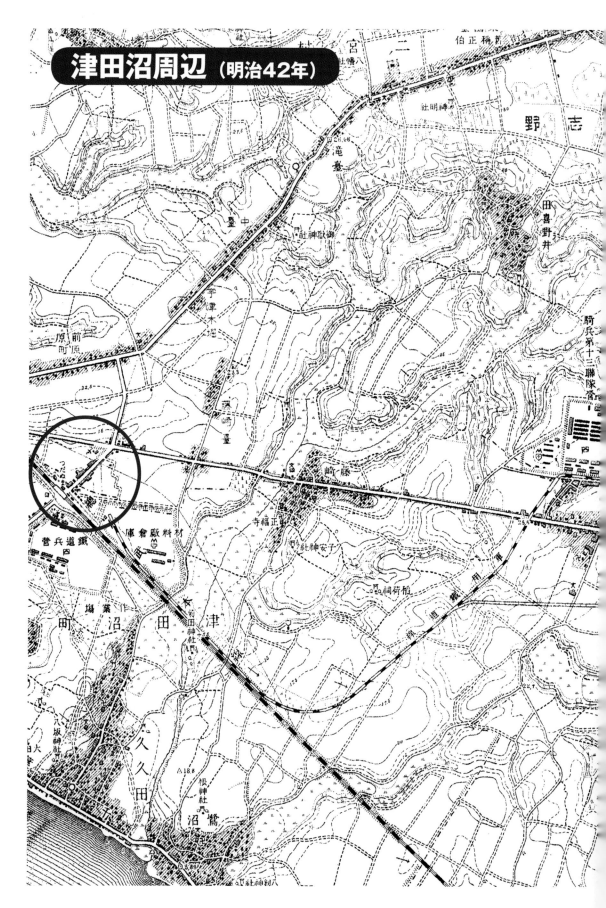

津田沼周辺（明治42年）

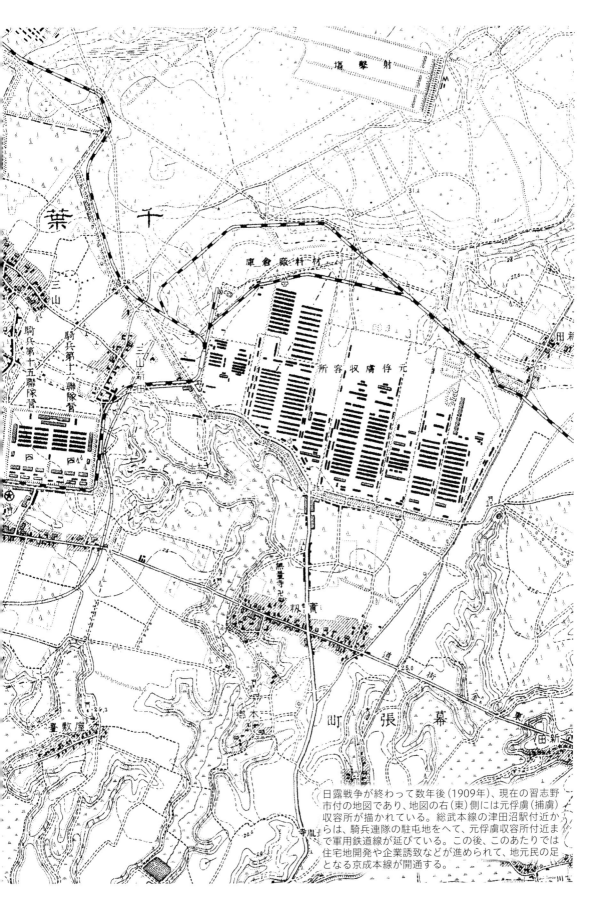

射撃場

葉千

材料廠倉庫

三山

騎兵第十五聯隊営

騎兵第十六聯隊営

三山新

元俘虜収容所

田新

無量寺尼

屋敷屋

木

幕張町

新田

日露戦争が終わって数年後（1909年）、現在の習志野
市付の地図であり、地図の右（東）側には元俘虜（捕虜）
収容所が描かれている。総武本線の津田沼駅付近か
らは、騎兵連隊の駐屯地をへて、元俘虜収容所付近ま
で軍用鉄道線が延びている。この後、このあたりでは
住宅地開発や企業誘致などが進められて、地元民の足
となる京成本線が開通する。

大規模商業施設（デパート、ショッピングセンター）が次々と駅前に進出し、「津田沼戦争」と呼ばれる商戦が見られた頃の津田沼駅付近の空撮である。この翌年（1978年）から2年後にかけて、ジャスコや長崎屋などは撤退することになる。右下は南口側で、千葉工大のキャンパスがあり、習志野サンペデック（現・モリシア津田沼）が建設工事中だった。
◎津田沼駅周辺　1977（昭和52）年11月18日　提供：朝日新聞社

幕張本郷駅は1981（昭和56）年10月1日、総武本線の複々線が千葉駅まで延伸した際に東船橋駅とともに誕生している。南側を並行して走る京成千葉線には、1991（平成3）年8月に京成幕張本郷駅が開業し、JR駅と橋上駅舎を共用している。◎幕張本郷　1981（昭和56）年　撮影：山田虎雄

現在は千葉市花見川区幕張町に存在する幕張駅は1894（明治27）年12月、総武鉄道の駅として開業している。1954（昭和29）年に千葉市に編入されるまでは、幕張町が存在した。これは現在のような橋上駅舎に変わる前、地上駅舎時代の姿である。
◎幕張　1966（昭和41）年2月26日　撮影：荻原二郎

1951（昭和26）年7月、総武本線における戦後初の新駅として誕生したのがこの新検見川駅。京成千葉線には戦前の1921（大正10）年7月に検見川駅が誕生しており、後発である国鉄の駅は、「新」を冠した駅名を名乗ることになった。◎新検見川　1967（昭和42）年2月5日　撮影：荻原二郎

複々線化される前の新検見川駅を通過する津田沼電車区から千葉へ回送される旧型72系電車。津田沼〜千葉間の複々線化は1981（昭和56）年7月に完成し緩急分離され、同年10月から稲毛に快速が停車するようになった。◎新検見川　1975（昭和50）年3月9日　撮影：宇野 昭

1899（明治32）年9月、総武鉄道の駅として誕生した頃の稲毛駅は、海岸近くに位置し、避暑客や客海水浴客が訪れる駅だった。その後、京成千葉線にも1921（大正10）年7月に稲毛駅が開業し、1931（昭和6）年11月に「京成稲毛」に駅名改称した。◎稲毛　1967（昭和42）年4月23日　撮影：荻原二郎

「祝稲毛駅 快速電車停車」の横断幕が掲げられている稲毛駅の駅前風景。1978（昭和53）年には、稲毛駅周辺の土地区画整理に伴い、駅は高架化された。この「稲毛」の地名の由来は不詳だが、古代の役人の役職名「稲置（いなぎ）」と関連するともいわれる。◎稲毛　1981（昭和56）年　撮影：山田虎雄

西千葉駅は、太平洋戦争中の1942（昭和17）年10月に開業している。戦後20年経ったこの頃もまだ、木造平屋の駅舎が残っていた。この頃は上下線のホームを結ぶ跨線橋が存在したが、現在は島式ホーム1面2線の高架駅と変わっている。◎西千葉　1965（昭和40）年2月6日　撮影：荻原二郎

首都圏から消滅した車両形式の201系の投入線区はカナリアイエローの総武中央緩行線のほか、オレンジバーミリオンで中央快速、青梅、五日市、八高、武蔵野、富士急行の各線。スカイブルーでは京葉、内房、外房、東金の各線で運行された。◎西千葉2001（平成13）年

千葉気動車区のあった西千葉へ回送されるキハ17-18-25の3両編成。左のホーム上の広告はライフアップ大丸百貨店。1960〜70年代に繁盛したいわゆる月賦百貨店だが、東京駅八重洲口の大丸とは無関係。◎西千葉　1966（昭和41）年7月11日　撮影：宇野 昭

総武本線の国電区間には貨物列車も運転され列車密度は高かった。貨物列車の牽引機は1969～70年にD51からDD51、DE10に交代したが一部は田端機関区の常磐線用EF80が新小岩～蘇我、佐倉間で牽引した。
◎西千葉　1975（昭和50）年3月9日　撮影：宇野 昭

C58 184（新小岩機関区）牽引の上り貨物列車。貨物列車は新小岩を経由し新金貨物線を通り田端操車場方面へ向かった。◎西千葉　1966（昭和41）年7月11日　撮影：宇野 昭

C57 1牽引の「鉄道100年記念列車」が、千葉～銚子間に運転された。当日の朝出発を前に点検中の記念列車。「SLやまぐち号」で活躍するC57 1、京都鉄道博物館のC58 1、ともに千葉管内で活躍していた。
◎千葉気動車区　1972（昭和47）年10月1日　撮影：長谷川明

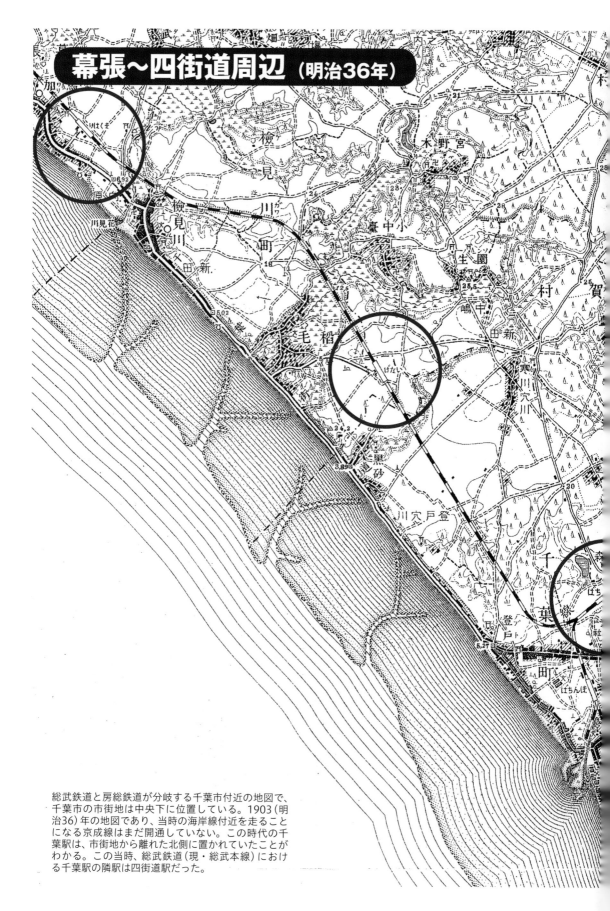

幕張〜四街道周辺 （明治36年）

総武鉄道と房総鉄道が分岐する千葉市付近の地図で、千葉市の市街地は中央下に位置している。1903（明治36）年の地図であり、当時の海岸線付近を走ることになる京成線はまだ開通していない。この時代の千葉駅は、市街地から離れた北側に置かれていたことがわかる。この当時、総武鉄道（現・総武本線）における千葉駅の隣駅は四街道駅だった。

現在地に移転する前の千葉駅で、傘を差す人々の姿が見える駅前風景である。千葉駅は1894（明治27）年7月に総武鉄道の起終点駅として開業。当時は現在地よりも約800メートル東側の千葉市民会館付近に置かれ、1963（昭和38）年4月に移転した。◎千葉　1961（昭和36）年3月19日　撮影：荻原二郎

旧・千葉駅にあった0番ホーム。旧・千葉駅のホームは0〜4番の5線で0番線は房総東線（現・外房線）、1番線は房総西線（現・内房線）、2番線は両国方面上り列車、3番線は総武本線国電、4番線は成田、銚子方面下り列車。◎千葉　1963（昭和38）年1月2日　撮影：宇野 昭

新駅に移転直前の旧・千葉駅を発車する成田線から直通の上りキハ58系準急「水郷」。1962（昭和37）年10月に両国〜佐原、小見川間の準急「総武」が「水郷」と改称された。
◎1963（昭和38）年1月2日　撮影：宇野 昭

建設中の千葉駅を通過するC58 218（新小岩機関区）牽引の貨物列車。ホームを結ぶ跨線橋の建設が進んでいる。千葉機関区は1961年1月に廃止され、その跡地に千葉駅が建設され1963（昭和38）年4月に移転。
◎千葉　1962（昭和37）年2月11日　撮影：宇野 昭

建設中の千葉駅を通過して旧・千葉駅（画面左奥）へ向かう下り総武本線国電。写真右側は旧・千葉機関区の扇形庫跡地で、ここに駅ビルと館山、安房鴨川方面へのホームが建設される。駅裏側には一般の住宅が並んでいる。
◎千葉　1962（昭和37）年2月11日　撮影：宇野 昭

建設中の千葉駅を南側からみた光景。電車は船橋、御茶ノ水方面へ向かう上り総武本線国電。写真手前の空地には館山、安房鴨川方面へのホームが建設され、房総東線、西線の旧・千葉駅でのスイッチバックが解消された。
◎千葉　1962（昭和37）年2月11日　撮影：宇野 昭

80系湘南形による成田山参拝の団体臨時列車。写真右後方の細長いビルはいわゆるヘルスランドであるが、現在この場所には千葉日建工科専門学校が建っている。
◎千葉　1969（昭和44）年1月31日　撮影：宇野 昭

千葉〜成田間の電化は成田山御開帳にあわせて1968年3月に完成し、横須賀線113系投入で捻出された70系電車で新宿〜成田間の快速成田号が運転された。この70系は同年10月に電化された両毛線に再転用された。
◎千葉　1968（昭和43）年5月　撮影：宇野 昭

1968（昭和43）年3月28日、総武本線・成田線千葉〜佐倉〜成田間の電化が完成し、101系電車で出発式が行われた。成田電化は沿線の宅地化、成田新空港計画に対応したものだが、成田山への参拝客輸送は京成電鉄の独壇場であった。◎千葉　1968（昭和43）年3月28日　撮影：宇野 昭

165系電車による初詣成田号（新宿〜成田）、右は千葉〜成田間の旧型72系による普通電車。◎千葉　1971（昭和46）年1月9日　撮影：宇野 昭

1970（昭和45）年秋に国鉄のディスカバージャパンキャンペーンのため全国を回った「ポンパ号」。C11形蒸気機関車と客車5両で各地を回り、引込線に停車して観光地の紹介や協賛する日立製作所の家電製品のPRを行った。
◎千葉　1971（昭和46）年6月8日　撮影：宇野 昭

折からのSLブームに便乗し「ポンパ号」の先頭に連結されたC1191。ポンパ（POMPA）は当時日立製作所から発売されたカラーテレビ「キドカラー」のマスコットで、スイッチをポンと押せばパッと画面がでることポンパと名付けられた。◎千葉　1971（昭和46）年6月8日　撮影：宇野 昭

千葉駅に進入する総武、成田線の72系電車。総武・成田線電化で普通電車の大部分は旧型72系電車に置き換えられたが、4ドアロングシート、便所なしで不評だった。後方は千葉鉄道管理局（右）と千葉弁天町市街地住宅（中央）。
◎千葉～東千葉　1975（昭和50）年1月23日　撮影：宇野 昭

1975（昭和50）年3月のダイヤ改正で、総武本線には183系特急「しおさい」5往復とともに165系急行「犬吠」2往復が新宿および両国～銚子間に運転された。◎千葉～東千葉 1976（昭和51）年4月11日 撮影：宇野 昭

成田〜中野間で運転されていた101
系による快速電車は、トイレなしの
長距離運転だった。このほか定期で
は中野〜木更津間、夏季臨では両国
〜館山間「青い海」などがあった ク
ハ100-61。◎千葉　1977（昭和52）
年8月　撮影：長谷川明

旧型72系電車の最終日1977年（昭和
52）年9月28日に成田線を走ったさ
よなら電車。総武・成田線および外
房・内房線のローカル電車は1974
年から毎年60両ずつ113系に置き換
えられ1977年の46両投入で新性能
化が完了した。◎千葉　1977（昭和
52）年9月28日　撮影：宇野 昭

千葉駅西口方面を見たところ。手前
の1、2番線は総武本線国電ホーム
で101系の快速電車が停車している。
1968（昭和43）年10月改正から中野
〜木更津、成田間に快速が運転開始
されたが、複々線化前で追い抜き駅
が少なくノロノロ運転だった。
◎千葉　撮影：山田虎雄

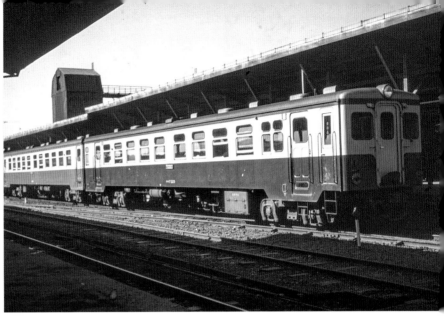

移転前の千葉駅1番線に停車中のキハ17系ローカル列車。先頭のキハ17は青とクリームの旧塗装。2両目のキハ18（運転台のない中間車）は朱色とクリームの新塗装で、後に国鉄一般形ディーゼル車の標準色となった。◎1961（昭和36）年　撮影：伊藤威信

JR発足1周年のヘッドマークを付けたカナリア色の総武・中央線各駅停車三鷹行き。先頭は高運転台のクハ103形。右には同じくJR1周年マーク付きの113系。◎千葉　1988（昭和63）年4月1日　撮影：宇野 昭

残り1編成となって人気の高かったクハネ583-20を使用して、9416M団臨「犬吠号」が銚子～成田間で運転された。舞浜臨では度々使われていたが、総武本線での運転は珍しかった。◎千葉　2010（平成22年）2月27日　撮影：長谷川明

総武本線と外房線が枝分かれする千葉駅。現在地への移転工事が行われてから間もない頃（1963年5月）の空撮写真である。2つの路線の間には、新しく誕生した駅ビルが建ち、駅前大通りも整備されている。一方、右下（南）側に見える線路は京成千葉線で、現在の京成千葉駅は1967（昭和42）年12月、国鉄千葉駅前駅として開業する。◎千葉駅周辺　1963（昭和38）年5月26日　提供：朝日新聞社

日露戦争が勃発した直後の1904（明治37）年4月、総武鉄道の両国橋駅として開業した両国駅。以来、長く総武鉄道、総武本線の起終点駅の役割を果たしてきた。現在の駅舎は1929（昭和4）年12月から使用され続けている。◎両国　撮影：山田虎雄

日露戦争が勃発した直後の1904
（明治37）年4月、総武鉄道の両国
橋駅として開業した両国駅。以来、
長く総武鉄道、総武本線の起終点
駅の役割を果たしてきた。現在の
駅舎は1929（昭和4）年12月から
使用され続けている。◎両国　撮
影：山田虎雄

両国駅列車ホームの昼下がり、房総各地への夕刊輸送列車が停車中。非電化の北総3線には手前のキハ35・キユニ19の3連
が、電化された内房・外房線には奥のクモハユ74・クモユニ74の2連が、それぞれ夕刊の積み込みを行っている。
◎両国　1973（昭和48）年8月30日　撮影：長谷川明

両国駅列車ホームに停車中の荷物郵便輸送列車。先頭は荷物郵便車キユニ19、2両目はキユニ11。
◎両国　1968（昭和43）年　撮影：山田虎雄

両国付近の総武線複々線化工事の看板。東京～津田沼間昭和46（1971）年10月完成予定、工費720億円とあるが、実際の完成は翌昭和47（1972）年7月だった。◎両国　1971（昭和46）年　撮影：山田虎雄

浅草橋駅は1932（昭和7）年7月、
総武本線電車線の両国〜御茶ノ水間
の開通時に開業している。昭和戦前
期に開業した都心付近の駅であるた
め、当初から高架区間の高架駅であ
り、長いホームの両端に東口、西口
がおかれている。これは東口の風景
である。◎浅草橋　1969（昭和44）
年8月2日　撮影：荻原二郎

総武本線の錦糸町〜東京間開通直前の撮
影。101系使用による最後の快速運転で
ある。後方「石丸電気」の看板も懐かし
い。◎秋葉原　1972（昭和47）年　撮影：
小川峯生

秋葉原駅の総武本線101系。
右は中央本線、下河原線直通
の東京競馬場前行き臨時電
車。競馬場開催場に運転さ
れた。◎秋葉原　1965（昭
和40）年　撮影：上原庸行

秋葉原を発車して新宿へ向かうディーゼル急行「水郷5号、犬吠5号」。背後には昌平橋交差点をまたぐ松住町架道橋が見える。周辺は秋葉原電気街だが、今ではアニメやアイドルなどサブカルチャーの聖地となっている。
◎秋葉原〜御茶ノ水　1974（昭和49）年10月24日　撮影：林 嶢

秋葉原駅に停車中のキハ25系使用の「快速成田号」。正月、5月、9月の参拝月に新宿〜成田間に運転された。準急型キハ26の配置前は、優等列車にキハ25が使用されていた。一般用とはいえ従来のキハ17系に比べて車体も大型化され、アコモデーションが大幅に改善されていた。
◎秋葉原　撮影：長谷川明

この頃は、冷房編成を増やすため、線区間の車両転属が多く混色編成が多かった。山手線ウグイス色クハ103−289が先頭の下り総武・中央線各駅停車。◎御茶ノ水　1986（昭和61）年7月2日　撮影：長谷川明

「鉄道友の会ローレル賞」マークと、「6扉車入り編成」シールを付けたクハE231-901編成下り電車が、秋葉原駅に到着する。◎2000年（平成12）年7月10日　撮影：長谷川明

中央本線の新宿に乗り入れるため、御茶ノ水にも気動車が走っていた。現在は房総・北総方面への定期優等列車は運転されていない。準急「総武」という愛称では行き先がわかりづらいため、わずか一年での運転で「犬吠」に吸収された。◎御茶ノ水　1962（昭和37）年8月20日　撮影：荻原二郎

現在、大規模な改築工事が行われている御茶ノ水駅は、甲武
鉄道時代の1904（明治37）年12月に開業。1932（昭和7）年
7月、総武線の両国〜御茶ノ水間が延伸して、現在のような
形になった。これは東口（御茶ノ水橋口）側の駅前風景である。
◎御茶ノ水　1964（昭和39）年　撮影：荻原二郎

御茶ノ水駅に進入する中央・総武線
各駅停車津田沼行きの103系。水道
橋〜御茶ノ水　1981（昭和56）年
9月28日　撮影：長谷川明

大井工場から津田沼電車区や幕張電
車区（当時）への配給電車クル29005
＋クモル24がお堀端の区間を走る。
当時は工場〜電車区の間に資材・部
品等の修理や補給に、曜日を決め
て「配給電車」が運転されていた。
◎市ヶ谷〜飯田橋　1980（昭和55）
年5月26日　撮影：長谷川明

ディーゼル急行「水郷」「犬吠」の一
部は新宿発着で御茶ノ水〜新宿間は
急行線を走った。1974年10月の北
総電化後もディーゼル急行は電車化
されず、翌1975年3月改正時に電車
特急、電車急行となった。◎千駄ヶ
谷　1974（昭和49）年1月

「なのはな」は電車で初のジョイフルトレインで、室内は和室仕様。千葉支社管内が一部を除いて電化済みのため、運用に便利な電車で誕生した。直流区間に限られることから、後継車「ニューなのはな」は485系の改造車となった。1998年まで広く活躍した。信濃町駅は改築前で、急行線は好撮影地だった。クモロ165-9222M。◎信濃町　1986（昭和61）年4月11日　撮影：長谷川明

新宿駅5番線停車中のディーゼル急行「犬吠」。1975年3月改正時まで「犬吠」「水郷」あわせて5往復が新宿駅へ顔をだしていた。中央本線の急行「アルプス」も1975年3月改正時まで2往復がディーゼル車で新宿に発着した。◎新宿　1974（昭和49）年10月23日　撮影：林嶢

地下鉄東西線経由の三鷹行きクハ301−6。帯色変更前の301系で車体はアルミ製、冷房化以前は地下区間の夏の暑さは格別だった。◎阿佐ヶ谷　1986（昭和61）年9月30日　撮影：長谷川明

1940（昭和15）年頃の時刻表

1941（昭和16）年2月の成田線時刻表。両国－成田間1時間30分前後だが本数が少なく成田へは京成の独壇場だった。

1940（昭和15）年11月の総武本線時刻表。両国〜銚子間に約3時間を要していた。

1940（昭和15）年11月の我孫子〜成田間時刻表。ほとんどの列車が上野へ直通している。

1940（昭和15）年12月の成田鉄道時刻表。三里塚には御料牧場があり成田空港の敷地になった。

2章
総武本線
（千葉～銚子）

総武本線を走る急行「犬吠」は当初、準急として1958（昭和33）年誕生。準急「房総」の設定によりいったん消滅したが、1962（昭和37）年に復活した。◎都賀　1974（昭和49）年10月10日　撮影：宇野 昭

東千葉駅は1965（昭和40）年12月に開業した、比較的新しい駅であるが、この付近には1963（昭和38）年4月まで、移転する前の初代千葉駅が存在した。当初から橋上駅舎を有しており、南北が自由に行き来できる構造になっていた。◎東千葉　昭和40年代後半　撮影：山田虎雄

Ｃ57 8（佐倉機関区）が牽引する総武本線客車列車。都賀は周辺の宅地化で1968年3月から駅に昇格したが、同年10月改正から全列車が停車した。千葉のSLは旅客が1969年秋までに、貨物は1970年春までにDL化された。◎東千葉〜都賀　1969（昭和44）年1月4日　撮影：宇野 昭

DE10 59（佐倉機関区）が牽引する臨時客車急行「犬吠51号」（千葉9:00〜銚子10:54）。1969年および1970年の夏に千葉〜銚子間に1往復運転されたが、速度は普通列車と大差なく不評だった。◎東千葉〜都賀　1970（昭和45）年7月　撮影：宇野 昭

1969年および翌70年に運行された臨時客車急行犬吠51号（千葉〜銚子）はオハ35主体で青色に塗られ、機関車と最後部客車にマークが取り付けられた。◎東千葉〜都賀　1970（昭和45）年7月　撮影：宇野 昭

クハ183-1503による臨時特急「ウィング」、N'EX運転以前には「ウィングエクスプレス」「ウイングはくつる」などが、たびたび運転されていたが、N'ex運転開始後は少なくなった。◎東千葉〜都賀　2003（平成15）年4月7日　撮影：長谷川明

マンションの目立つ千葉市内を行くE217系の上り快速電車。E217系はエアポート成田にも使用された。東京（久里浜）寄りの4両は付属編成。E217系は2020年からE235系（普通車は全車ロングシート）へ順次置き換えられる予定。◎東千葉〜都賀　撮影：宇野 昭

白煙をたなびかせて走るＣ58、Ｃ57重連牽引の総武本線客車列車。ディーゼル王国千葉であっても総武本線千葉（一部両国）
～銚子間には1969（昭和44）年まで客車列車が残り、東京近郊でSLの勇姿に接することができた。
◎千葉～都賀信号場　1964（昭和39）年４月12日　撮影：宇野 昭

複線化工事中の都賀信号場付近を行くキハ17系ローカル列車。２両目は運転台のないキハ18。千葉～四街道間（7.9㎞）に都
賀信号場が1912（大正元）年11月開設。1965年９月複線化され仮乗降場となり、1968年３月に駅に昇格。
◎千葉～都賀信号場　1964（昭和39）年２月22日　撮影：宇野 昭

キハ28を先頭にした両国発銚子行き準急「犬吠」。2両目に1等車（グリーン車）キロ28を連結。後ろ3両は佐倉で分割する
成田線直通の「水郷」。背後の丘陵地帯には建物が建ち始めている。
◎千葉〜都賀信号場　1964（昭和39）年4月12日　撮影：宇野 昭

都賀信号場でのC57 164（新小岩機関区）牽引の客車列車とD51牽引貨物列車の交換。
◎都賀信号場　1964（昭和39）年2月22日　撮影：宇野 昭

都賀信号場で交換待ちのＣ58 308（佐倉機関区）の単機回送。写真右側に信号場の腕木式信号機と短いホームが見える。都賀付近は雑木林が点在する丘陵地帯だったが1960年代半ばから宅地化が始まり、建売住宅が建ち始めている。◎都賀信号場 1964（昭和39）年2月22日　撮影：宇野昭

EF10 19（新鶴見機関区）が牽引する貨物列車。後方は開設後間もない都賀駅でいわゆる橋上駅である。
◎都賀　1969（昭和44）年11月29日
撮影：宇野昭

都内の新小岩駅と同様、信号所からスタートして駅に昇格したのがこの都賀駅である。そのスタートは1912（大正元）年11月の都賀信号所で、信号場を経て駅への昇格は1968（昭和43）年3月と遅かった。橋上駅舎を有し、千葉都市モノレールの都賀駅と連絡している。◎都賀 1968（昭和43）年3月28日 撮影：山田虎雄

ステンレス車体のキハ35 900番台を先頭にしたキハ35（900番台）-キハ35-キハ45の3両編成。2、3両目のキハ35、45は当時の国鉄ディーゼル車の標準色。◎都賀　1974（昭和49）年10月10日　撮影：宇野 昭

DE10 126（佐倉機関区）が牽引する総武本線客車列車。1969年に客車列車は牽引機がSL（C57、C58）からDL（DE10）に交代したが引き続き運転された。都賀駅周辺は宅地が造成され、家が建ち始めている。
◎都賀　1974（昭和49）年10月10日　撮影：宇野 昭

三鷹電車区の「スカ色」中央東線115系8両編成による成田山初詣列車。先頭および後部の3両は富士急行線乗入れのためクモハ115－モハ114－クハ115の3両ユニットでその間にサハ115を2両挟んだ8両編成。
◎都賀　1970（昭和45年）
撮影：宇野 昭

101系による中野～成田間快速電車。1968年10月改正で中野～成田間に2往復、中野～木更津間6往復の快速電車が運転開始された。御茶ノ水～千葉間はノロノロ運転でアベベ選手（1964年東京五輪マラソン優勝者）と変わらない速さといわれた。
◎都賀　1970（昭和45年）
撮影：宇野 昭

四街道駅は1894（明治27）年12月に開業した際は「四ツ街道」の駅名で、1907（明治40）年11月に現駅名に改称した。「四街道」の地名、駅名は駅の西側にある「四街道十字路」に由来する。1981（昭和56）年12月、橋上駅舎に変わっている。◎四街道　1982（昭和57）年　撮影：山田虎雄

DE10 1665（佐倉機関区）が牽引する総武本線の客車列車。SL引退後は総武本線、成田線の客車列車はDE10が牽引した。
1974（昭和49）年10月、総武本線佐倉〜銚子間および成田線成田〜松岸間電化完了で電車化された。
◎都賀〜四街道　1974（昭和49）年10月10日　撮影：宇野 昭

総武本線は、都賀駅で千葉都市モノレールと接続している。発着する上り・下りの113系電車と、モノレールの車両。
◎都賀　1993（平成5）年6月27日　撮影：長谷川明

現在の四街道市は、その名が示すように古くから交通の要地であり、戦前には習志野に集まってきた陸軍施設を控えた軍都として繁栄した。この時期は四街道町であり、4年後（1981年）に人口が6万人を超えて、市制を施行した。現在は駅の南北に駅前広場、ロータリーが整備されているが、この時期は北口側の空間は狭く、南口側は駐車場となっていた。◎四街道駅付近 1981（昭和56）年1月21日　提供：朝日新聞社

キハ58系（最後部はキハ28）の急行「犬吠」「水郷」。総武本線経由の「犬吠」と成田線経由の「水郷」を佐倉で併結して両国、新宿へ向かう。この区間は田園地帯が広がり当時も今も撮影名所。
◎物井〜佐倉　1975（昭和50）年3月9日　撮影：宇野 昭

「50-3」ダイヤ改正前日の1975（昭和50）年3月9日、さようなら気動車の装飾を付けたディーゼル急行。2両目はキロ25を格下げしたキハ26400番台。この区間は複線化時に新線が建設され後方は新設された寺崎トンネル。
◎物井〜佐倉　1975（昭和50）年3月9日　撮影：宇野 昭

撮影名所物井～佐倉間を行く
EF65 500番台とDD51が重連
で牽引する新小岩から鹿島臨
海工業地帯へのコンテナ列車。
2001年10月からDD51から
EF65に代わった。その直前に
行われたEL乗務員の訓練運転。
◎物井～佐倉　2001（平成13）
年10月　撮影：宇野 昭

踏切事故から乗務員を守るため、前
面強化工事が行われステンレス板の
貼り付けが行われた。塗装工事が後
になり、ステンレス生地そのままの
スタイルは「鉄仮面」のニックネー
ムが付けられた。クハ111－189
1351M。◎四街道～物井　1993（平
成5）年12月5日　撮影：長谷川明

1980（昭和55）年10月から横須賀線、
総武快速線の直通運転が始まり、逗
子（または横須賀、久里浜）～成田間
に113系1000番台の快速電車が毎時
1本運転され、グリーン車も2両連結
された。成田～成田空港間は開業し
ておらずバスでの連絡だった。◎物
井～佐倉　1982（昭和57）年11月23
日　撮影：宇野 昭

佐倉周辺（明治30年）

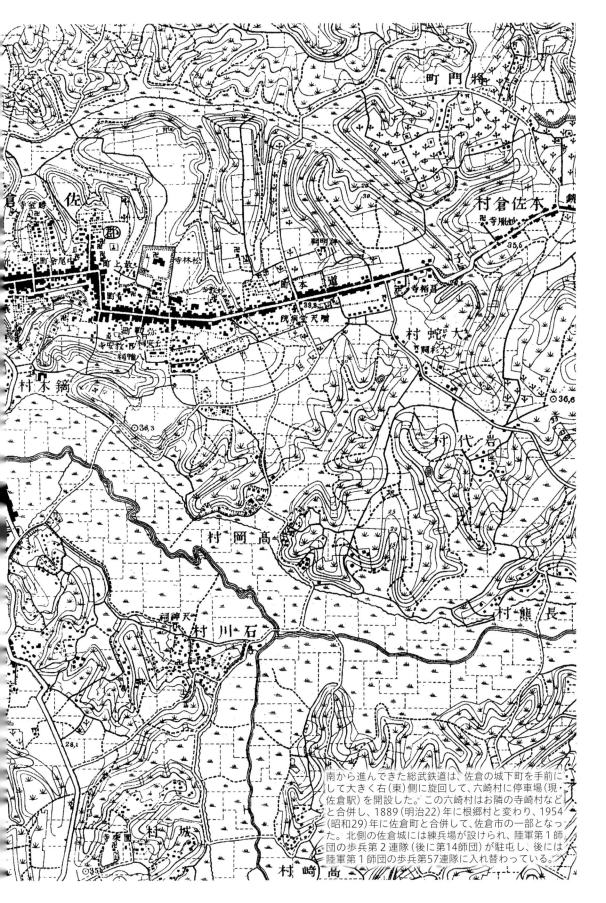

町門将

村倉佐本

35,6

村蛇大

村木鏑

◎36,3

村代岩

◎36,6

村岡髙

村熊長

村川石

28,1

◎35

南から進んできた総武鉄道は、佐倉の城下町を手前にして大きく右（東）側に旋回して、六崎村に停車場（現・佐倉駅）を開設した。この六崎村はお隣の寺崎村などと合併し、1889（明治22）年に根郷村と変わり、1954（昭和29）年に佐倉町と合併して、佐倉市の一部となった。北側の佐倉城には練兵場が設けられ、陸軍第1師団の歩兵第2連隊（後に第14師団）が駐屯し、後には陸軍第1師団の歩兵第57連隊に入れ替わっている。

村崎髙

佐倉駅を発車するC57
59（佐倉機関区）牽引の
総武本線銚子行き客車
列車。千葉～成田間電
化直後で架線が張られ
ている。当時、総武本線
千葉～銚子間には客車
列車が6往復運転され、
機関車次位に郵便荷物
車スユニ60が連結され
ている。◎佐倉 1968
（昭和43）年 撮影：宇
野 昭

転車台で向きを変える佐倉機関区所
属のC58 308。構内には架線が張ら
れている。◎佐倉機関区 1969（昭
和44）年9月30日 撮影：宇野 昭

佐倉駅を発車するC57 134 牽引の上
り列車。電化直前で、構内はすでに
架線が貼られている。千葉～佐倉～
成田間の電化開業は翌月の1968（昭
和43）年3月28日だった。
◎佐倉 1968（昭和43）年2月18日
撮影：長谷川明

切り替え前の旧線を行くC58 165の牽く下り列車が、鹿島川を渡る。この「亀崎橋の橋台」は、現在も保存され説明板が設置されている。◎物井～佐倉　1968（昭和43）年2月18日　撮影：長谷川明

総武本線銚子までの電化は1974年と遅れ、1969年9月30日の蒸機けん引廃止後は、電化されるまでの期間ディーゼル機関車牽引となった。DE10 100の牽く客車列車が佐倉駅に停車中。◎佐倉　1973（昭和48）年9月16日　撮影：長谷川明

佐倉を発車する修学旅行用155系による成田山初詣臨時電車。毎年1月には各地からの初詣団体列車、電車が運行され、各種車両を総動員しファンには楽しい被写体だった。◎佐倉　1971（昭和46）年1月13日　撮影：宇野 昭

房総地区の荷物電車がクモユニ74からクモユニ143に代わったことを記念して1986（昭和61）年11月23日に運転された「おもいでのメイルトレイン号」クモユニ74の6両と183系4両を併結した10両編成で両国〜銚子間に運転。◎佐倉　1986（昭和61）年11月23日　撮影：宇野 昭

お召機DD51 842（佐倉機関区）牽引の12系客車による団体臨時列車。DD51は佐倉機関区に集中配置され団体臨時列車、貨物列車、成田空港への燃料輸送列車などに幅広く使用された。◎佐倉　1985（昭和60）年6月15日　撮影：宇野 昭

明治時代に開業し、現在の総武本線のルーツとなった総武鉄道、成田鉄道の接続駅であったのがこの佐倉駅である。これは1985（昭和60）年12月、橋上駅舎に建て替わる前の地上駅、木造駅舎時代の駅前風景で、駅前に広いスペースがあった。
◎佐倉　1981（昭和56）年

宅地化されず田園地帯を走り抜ける物井〜佐倉間は「モノサク」と呼ばれ多くの鉄道ファンが集まる撮影名所である。183系特急「しおさい」と113系ローカルのすれ違い。◎物井〜佐倉　2000（平成12）年4月　撮影：山田 亮

佐倉の酒々井方にある電留線に待機する189系とお座敷電車「ニューなのはな」。佐倉の電留線はもと佐倉客貨車区の場所にある。画面左に総武本線（単線）と成田線（複線）が平行している。◎佐倉　2006（平成18）年1月9日　撮影：太田正行

DD51 1803（千葉機関区）が牽引する新小岩から北鹿島への貨物列車。北鹿島で鹿島臨海鉄道に継走される。2001年10月に電気機関車牽引となりEF65牽引となった。現在でも昼間に貨物が通過している。◎物井〜佐倉　2000（平成12）年4月　撮影：山田 亮

佐倉〜南酒々井間の総武本線と成田線の分岐点付近を行くディーゼル急行「犬吠」3両目はキロ25を2等車に格下げしたキハ26 400番台。回転式シートで座席指定車。4両目は1等車キロ28。写真右後方に成田線の架線が見える。
◎佐倉〜南酒々井　1969（昭和44）9月30日　撮影：宇野 昭

8620形38671（佐倉機関区）が牽引する房総東線（現・外房線）への直通貨物列車。大網の急勾配を避けるため、千葉から房総東線への貨物列車は総武本線を迂回し、成東から東金線経由で大網へ向かった。
◎佐倉～南酒々井　1969（昭和44）９月30日　撮影：宇野 昭

江戸時代、堀田氏が治める佐倉藩11万石の城下町だった佐倉には、市街中心部から南にあたる現在地に佐倉駅が置かれてきた。駅の開業は総武鉄道時代の1894（明治27）年７月で、市川～佐倉間が開通した際の東側の起終点駅だった。
◎佐倉　1967（昭和42）年２月５日
撮影：荻原二郎

D51 507の牽く下り貨物列車。D51は新小岩機関区に配属され、佐倉まで運転されていた。
◎物井～佐倉　1968（昭和43）年2月18日　撮影：長谷川明

キハ35編成の中間にはステンレスの900番台と、運転室の無いキハ18が組み込まれている。千葉局の普通列車では、各系列の気動車が、乱雑に編成されていた。◎物井～佐倉　1968（昭和43）年2月18日　撮影：長谷川明

1978（昭和53）年から始まったDD51牽引の成田空港燃料輸送列車。
◎佐倉～酒々井　1982（昭和57）年5月9日　撮影：宇野 昭

C58 8・C57 59・C58 166がターンテーブルの向こうに並ぶ佐倉
機関区の情景。一時は千葉機関区廃止による転属車で管内蒸機の一
大基地だったが、1969（昭和44）年の千葉局管内の電化完成により
デイーゼル機の基地に変わった。旧・機関区建屋は解体され、ディー
ゼル機用の矩形庫が新築されたが、JR化でJR貨物が継承、1997（平
成9）年新設の千葉機関区（二代目）に移管され廃止された。
◎佐倉機関区　1968（昭和43）年2月18日　撮影：長谷川明

千葉県内唯一の機関区であった佐倉機関区の情景で、薄い煙を吐きながら出庫を待つC57 59 とC58 166。今は駐車場となっているこの場所にあった木造の建屋や転車台が懐かしい。◎佐倉機関区　1968（昭和43）年 2 月18日　撮影：長谷川明

佐倉機関区で転車台に乗る総武本線SLさよなら列車を牽くＣ5771。画面左には後継のDE10が待機している。機関区構内では鉄道ファンが撮影しているが、事務所で許可を取れば入れた。今では考えられないことである。
◎佐倉機関区　1969（昭和44）年 9 月30日　撮影：宇野 昭

成田電化完成後の総武本線では、ローカル用に新性能化で都心部を追われた旧型72系が広く使用された。クハ79の後期型を
先頭の6両編成。◎酒々井〜佐倉　1972（昭和48）年10月1日　撮影：長谷川明

佐倉駅に停車中のキハ28系5連の「犬吠」。佐倉には戦前から軍の聯隊があり、千葉県最初の鉄道が総武鉄道の手により
1894（明治27）年当駅と市川駅との間に開通した。また佐倉駅には機関区があり、気動車化まで千葉鉄道管理局の輸送の中
枢だった。側線の客車は各停用で、入替中のDE10が見える。◎佐倉　撮影：長谷川明

キハ35 900代＋キハ25の上り列車。キハ35 900代は、潮風の吹く房総地区用に試作されたステンレス車で、10両が東急車両で製造された。当初は無塗装で前面に警戒色をまとっていたが、後年は首都圏色に塗装され、八高線などにも転出し使用された。◎佐倉～物井　1968（昭和43）年2月18日　撮影：長谷川明

キハ28でそろった急行「水郷」、グリーン車も連結されている。電化直前の1968年2月25日から複線化された新線に移るので、この単線の旧線区間には架線柱がない。◎佐倉～物井　1968（昭和43）年2月18日　撮影：長谷川明

DLの基地となった佐倉機関区。「44・10改正」で無煙化が達成されたため、旧機関区は解体され矩形の建屋を持つDLの機関区となり、DE10が配置されて客車牽引にあたった。民営化でJR貨物に移管され、鹿島貨物用DD51が配置されたが、田端機関区に移管され1997年に千葉機関区（二代目）の新設により廃止された。◎佐倉機関区　撮影：長谷川明

国鉄財政のひっ迫から運賃・料金改定により、運転開始以来「準急」だった房総の優等列車も、1966（昭和41）年から運転距離50km以上の列車は「急行」に格上げ＝値上げされた。旧線を走るキハ28 113先頭の上り急行「犬吠」。
◎佐倉─物井　1968（昭和43）2月18日　撮影：長谷川明

総武本線佐倉以遠の電化時に運転された113系1000番台6両編成の記念祝賀電車。1974年から千葉以遠ローカル電車を新性能化するため113系が毎年60両ずつ投入され、1977年9月に普通電車が113系に統一された。
◎佐倉　1974（昭和49）年11月1日　撮影：宇野 昭

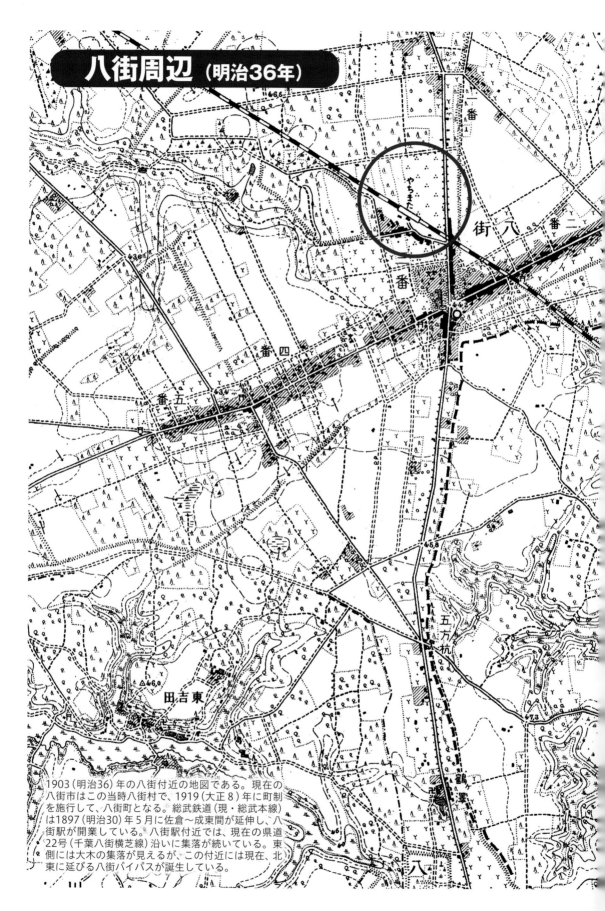

八街周辺 （明治36年）

1903（明治36）年の八街付近の地図である。現在の八街市はこの当時八街村で、1919（大正8）年に町制を施行して、八街町となる。総武鉄道（現・総武本線）は1897（明治30）年5月に佐倉〜成東間が延伸し、八街駅が開業している。八街駅付近では、現在の県道22号（千葉八街横芝線）沿いに集落が続いている。東側には大木の集落が見えるが、この付近には現在、北東に延びる八街バイパスが誕生している。

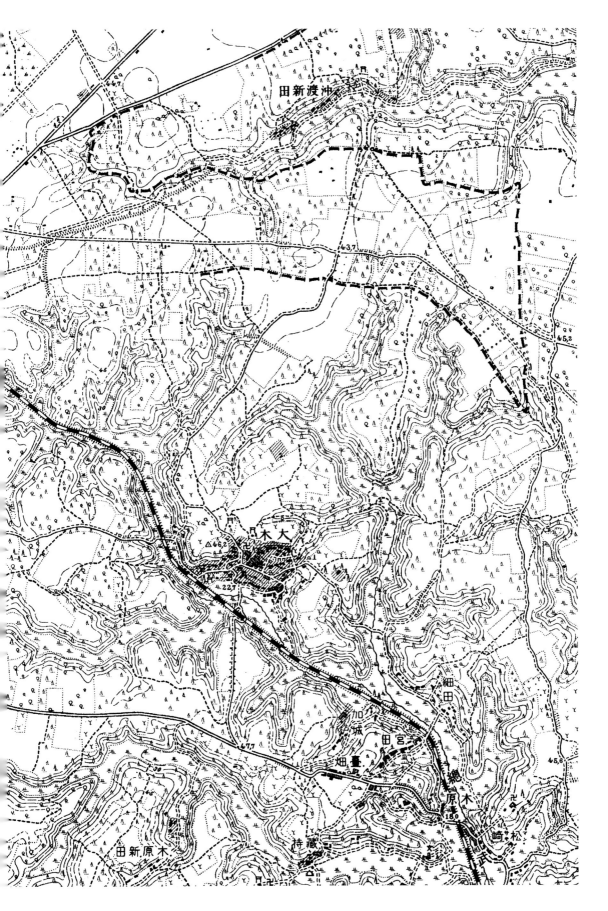

田新渡沖

大木

細田

城
田宮

畑重

原木

松崎

田新原木

持蔵

終戦から2か月あまり、生きていくために必要な食料品をようやく手に入れて、都内に向かう人々を乗せた買い出し列車の姿である。屋根のない貨車（無蓋車）には隙間がないほど詰め込まれ、乗り切れない者は客車や貨車の屋根に乗っている。イモの産地である、総武本線の日向駅付近の光景であるが、この時期には似たような風景は日本各地で見られた。
◎総武本線日向駅付近　1945（昭和20）年11月4日　提供：朝日新聞社

8620形38671（佐倉機関区）が牽引する房総東線（現・外房線）からの貨物列車。大網付近の勾配を避けるため、千葉方面から房総東線への貨物列車は総武本線、東金線を経由した。緑に囲まれた南酒々井駅のたたずまいは今も変わらない。
◎南酒々井　1969（昭和44）年9月14日　撮影：宇野 昭

松林に沿って走るＣ57 59（佐倉機関区）牽引の総武本線客車列車。牽引するＣ5759は形式入りナンバープレートであるが、煙突の上には回転式火の粉止めが付いていて、Ｃ57本来の「機関車美」を損ねるとの声もあった。
◎南酒々井〜榎戸　1969（昭和44）9月14日　撮影：宇野 昭

1899（明治32）年10月、当時の日向村（現・山武市）に開業し、日向駅と名付けられた。この木造駅舎は1984（昭和59）年7月に改築されている。駅の構造は相対式ホーム2面2線の地上駅で、ホームは跨線橋で結ばれている。
◎日向　1973年頃

現在は山武市にある日向駅は、1889（明治22）年に誕生した日向村に置かれていた。この日向村は、現在の宮崎県にあたる日向国とは無関係で、1955（昭和30）年に山武町に変わっている。これは木造駅舎時代のホームの姿である。
◎日向　1963（昭和38）年10月27日　撮影：荻原二郎

総武本線ローカル列車のキハ17系3両編成。総武本線千葉〜銚子間普通列車にはSLの牽く客車列車のほか、キハ17系およびキハ20系のディーゼル車も運行されたが、ディーゼル車の比率は房総東西線と比べ低かった。
◎1963（昭和38）年12月1日
撮影：小川峯生

成東に到着する上りディーゼル急行「犬吠」キハ58系だが総武成田線および房総東西線には急勾配が少なく（土気−大網間にあるだけ）1エンジンのキハ28が中心だった。反対ホームにはキハ45−キハ35の東金線大網行きが停車中。
◎成東　1971（昭和46）年　撮影：山田虎雄

総武本線松尾駅。総武鉄道成東〜銚子間開通（1897年6月1日）の翌1898（明治31）年2月25日に開設。九十九里浜から成田空港への進入路の真下に位置し、成田へ向かう飛行機が眺められる。◎松尾　2008（平成20）年6月9日　撮影：宇野 昭

総武・成田線や内・外房線に投入された211系。高崎線、東北本線（宇都宮線）へのE231系投入で211系が2006（平成18）年から千葉地区に転属した。その後、京浜東北・根岸線から209系の千葉地区への転属に伴い、2011年までに中央本線運用の長野区へ転出した。◎松尾　2008（平成20）年6月9日　撮影：宇野 昭

総武本線横芝駅。総武鉄道成東〜銚子間開通時に開設。駅舎は入母屋風の屋根で開設時の面影が残る。横芝光町の玄関口で特急も停車する。◎横芝　2008（平成20）年6月9日　撮影：宇野 昭

総武本線八日市場駅。総武鉄道成東〜銚子間開通時に開設。匝瑳(そうさ)市の玄関口。市名の匝瑳は兵庫県の宍粟(しそう)市と並ぶ難読市名で、最近では「日本一読みにくい市」としてPRしている。
◎八日市場　2008(平成20)年6月9日　撮影：宇野 昭

旧・八日市場市(現・匝瑳市)の玄関駅で特急「しおさい」が停車する八日市場駅。撮影した時代は気動車が主役であった。多古方面に国鉄バスが運行されていた。◎八日市場　1971(昭和46)年6月25日　撮影：荻原二郎

旭市に置かれている干潟駅は、江戸時代に干拓された椿海からその名が採られている。「椿海」の名は、椿の大木があった場所に水が溜まったという伝説による。この干潟駅は1898（明治31）年2月に総武鉄道の駅として開業している。
◎干潟　1971（昭和46）年6月25日　撮影：荻原二郎

総武本線SL最終列車を牽くC57 71（佐倉機関区）。お召列車と同様に国旗を掲げ前面に「蒸気機関車ご苦労さま」側面に「蒸気機関車さようなら」「明日から千葉県の全旅客列車完全無煙化」と装飾。◎干潟　1969（昭和44）年9月30日　撮影：宇野 昭

現在、旭市の中心部に位置する旭駅は、1897（明治30）年6月に総武鉄道の駅として開業した際には「旭町」を名乗っていた。
1954（昭和29）年に旭町が市制を施行して、旭市となったことで、1959（昭和34）年10月に駅名を改称した。
◎旭　1964（昭和39）年12月30日　撮影：荻原二郎

駅前売店を備えた平屋建ての木造駅舎だった頃の飯岡駅。1897（明治30）年6月に駅が誕生し、開業100周年を迎えた1997
（平成9）年9月、現在のRC造駅舎に改築された。相対式2面2線の上下ホームは跨線橋で結ばれている。
◎飯岡　1971（昭和46）年6月25日　撮影：荻原二郎

1972（昭和47）年10月、千葉国体（若潮国体）で総武本線、成田線で運転されたDD51 842（佐倉機関区）牽引のお召列車。
DD51 842は現在高崎に配置されDLぐんまよこかわ号を牽引し「もとお召機」で人気がある。
◎飯岡～倉橋　1973（昭和48）年10月15日　撮影：宇野 昭

猿田駅を通過するＥ257系500番台の特急「しおさい」。「しおさい」は1975（昭和50）年3月の運転開始時は183系で長年
にわたり国鉄特急色で運行されたが、2005（平成17）年12月以降255系、Ｅ257系500番台となった。
◎猿田　2008（平成20）年6月9日　撮影：宇野 昭

起伏に富んだ丘陵地帯の猿田付近を行くDE10牽引の総武本線客車列車。電化直前のため真新しい架線柱が目立つ。
◎猿田　1974（昭和49）年

キャベツ畑を行くC57 159（佐倉機関区）が牽引する総武本線客車列車。1968年10月改正時、総武本線にはSL牽引客車列車
が6往復運転され、郵便荷物車スユニ60を連結した。翌1969年秋にDE10牽引となった。
◎銚子～松岸　1969（昭和44）2月9日　撮影：宇野 昭

「さようなら 新しい仲間と替わります」のマークを付けた、クハ79341ほかの、総武本線72系旧型電車の最終運転日。
◎松岸　1977（昭和52）年9月28日　撮影：長谷川明

C58 166（佐倉機関区）が牽引する客車列車。総武本線・成田線の貨物列車はC58が牽引した。画面後方は総武本線と成田線が合流する松岸駅。◎松岸　1969（昭和44）年2月9日　撮影：宇野 昭

C58183（新小岩機関区）牽引の総武本線客車列車。C57とともにC58も旅客、貨物の牽引に活躍した。画面後方は総武本線、成田線が合流する松岸駅。◎松岸　1969（昭和44）年2月9日　撮影：宇野 昭

C58 183（新小岩機関区）が牽引する上り客車列車。成田
線経由の銚子発千葉行きと思われる。最後部の荷物車に
積む小荷物がリヤカーで運ばれ、荷物掛りの駅職員が待
機している。今では見られない50年前の鉄道情景。
◎松岸　1969（昭和44）2月9日　撮影：宇野 昭

総武本線の終点銚子駅。総武鉄道成東〜銚子間開通時に開設。駅舎は1945 (昭和20) 年7月、空襲で全焼。1948年、旧海軍航空隊香取基地の格納庫を転用して再建。天井が高い堂々とした駅舎だった。2018年3月新駅舎へ建替えが完成。
◎銚子　2008 (平成20) 年6月9日　撮影：宇野 昭

銚子で発車を待つキハ28先頭のディーゼル準急「総武」。1961 (昭和36) 年10月改正からそれまでの「房総」を「総武」と改称し、成田線佐原発着編成を併結した。翌1962年10月から「犬吠」と改称し「総武」は1年間の愛称であった。
◎銚子　1962 (昭和37) 年8月31日　撮影：林 嶢

キハ28の3両編成によるディーゼル急行「水郷」。「水郷」は両国〜佐倉間で「犬吠」と併結した。撮影地は松岸の千葉方にある総武本線と成田線の分岐点付近。◎銚子〜松岸　1969（昭和44）2月9日　撮影：宇野 昭

総武本線SLさよなら運転は1969年9月30日、千葉発12時20分の325列車で行われ、14時38分に銚子に到着し、別れを惜しむ多くの人々に迎えられた。同年10月から総武本線の客車列車と貨物はDE10牽引となった。
◎銚子　1969（昭和44）年9月30日　撮影：宇野 昭

183系特急「しおさい」と113系のローカル電車。「し
おさい」は1975（昭和50）年3月のダイヤ改正で東京〜
銚子間に登場したが、従来のディーゼル急行に比べ15
〜20分程度短縮しただけで実質的値上げと言われた。
◎銚子　1993（平成5）年6月18日　撮影：宇野 昭

鹿島灘に面した港町、銚子市付近の空撮写真であり、坂東太郎といわれた大河、利根川が太平洋に注ぎ込む雄大な風景が広がっている。中央やや左下に総武本線の終着駅だった銚子駅が置かれ、さらに犬吠埼、外川方面に延びる銚子電気鉄道の路線が見える。現在は利根川の河口付近に銚子大橋が架かっているが、これは1962（昭和37）年の架橋である。
◎銚子市街地　1952（昭和27）年11月10日　提供：朝日新聞社

1955（昭和30）年4月から毎休日に新宿～（成田線経由）～銚子～外川間に運転されたキハ17（当時はキハ45000）による快速「房総の休日」号。新宿～千葉間は房総西線（現・内房線）直通車両を併結し銚子電鉄に乗入れた。愛称は当時ヒットしたアメリカ映画「ローマの休日」をもじり房総の休日とした。◎銚子　1958（昭和33）年　撮影：山田虎雄

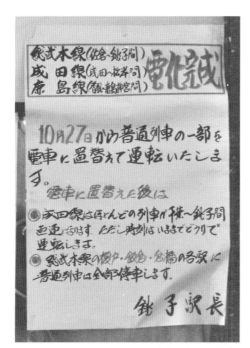

銚子駅に掲示されていた、電化完成に関わる案内。
◎銚子　1974（昭和49）年10月

銚子市の玄関口、総武本線の銚子駅は、1897 (明治30) 年 6 月に開業した歴史ある終着駅。1923 (大正12) 年 7 月には、犬吠埼方面に向かう銚子電気鉄道が開業して連絡駅となった。2018 (平成30) 年 4 月、新しい駅舎がお披露目されている。◎銚子　1971 (昭和46) 年　撮影：山田虎雄

銚子を発車する上り東京行き特急「しおさい」。通常は 6 両編成だが銚子方に 3 両増結した 9 両編成で中間のクハ183の貫通ドアを使用した。◎銚子　1993 (平成 5) 年12月12日　撮影：太田正行

銚子駅の切り欠きホームに停車中の銚子電鉄デハ301。1930（昭和5）年製造のもと鶴見臨港鉄道（現・JR鶴見線）の車両で1951年に銚子電鉄が国鉄から譲り受けた。現在は外川駅で保存されている。構内には急行「犬吠」と成田行きキハ35が停車中。
◎銚子　1969（昭和44）年2月9日　撮影：宇野 昭

ローカル列車の旧型国電運転最終日の銚子駅。手前の銚子電鉄ホームには、もと鶴見臨海鉄道（現・鶴見線）のデハ301が停車中。2番線には72系「さよなら電車」、3番線には165系急行が停車している。
◎銚子　1977（昭和52）年9月28日　撮影：長谷川明

銚子駅を発車するデハ301を先頭にした4両編成。中間の2両は2軸車のハフ1、ハフ2、最後部はデハ101である。
◎銚子　1969（昭和44）年9月30日　撮影：宇野 昭

銚子電鉄仲ノ町車庫で待機するデハ501が牽くトロッコ列車「みおつくし号」。デハ501は、もと上田交通（現・上田電鉄）モハ2321、2両目はユ101で国鉄貨車ワム80000形を改造、写真左はデハ101とデハ701。
◎仲ノ町　1993（平成5）年6月18日　撮影：宇野 昭

1968（昭和43）年10月改正時の時刻表

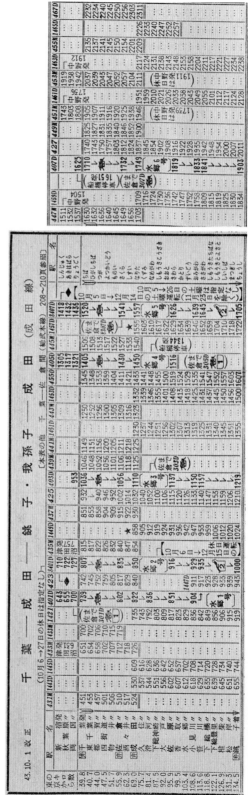

1968（昭和43）年10月の総武本線時刻表。ディーゼル急行「犬吠」は佐倉まで「水郷」を併結した。回送列車に客車を乗せた御茶ノ水発20時36分の千葉行き快速ディーゼル列車に注目。

千 葉 ― 成 田 ― 銚 子・我 孫 子 ― 成 田（成田線）

（本来の他 千葉～佐倉間 208～210頁参照）

（10月6～27日の木曜日は指定なし）

1968（昭和43）年10月の成田線時刻表。千葉～成田間は電化され、夕方と夜に中野から直通電車が運転され、客車列車も運転され、千葉～銚子間直通が2本ある。

3章
成田線、鹿島線

72系のの最後を飾るべく、さよなら運転を実施した。編成はクハ79341＋モハ72614＋モハ72957＋クハ79399＋モハ72611＋クハ79450となっていた。◎下総神崎　1977（昭和52）年9月28日　撮影：宇野 昭

成田線の歴史

成田への鉄道開通

　成田山、成田不動と呼ばれる成田山新勝寺は平安時代に創立されたとされるが、江戸時代には江戸からの成田詣が盛んになり、往復3泊4日の行程で、成田には旅(はた)籠(ご)が並び門前町が出現した。

　明治中期の鉄道建設ブームで成田への鉄道建設の機運が高まったのは当然で、まず総武鉄道により1894(明治27)年12月に本所(現・錦糸町)〜佐倉間が開通し、それに接続する成田鉄道佐倉〜成田間が翌1897年1月に開通し、東京と成田が鉄道で結ばれ日帰りができるようになり、成田鉄道、総武鉄道が直通し本所〜成田間の列車が運行されたが3ヶ月ほどで中止となり佐倉乗り換えとなった。成田鉄道では我孫子〜成田間を建設し、1901(明治34)年4月に開通し日本鉄道(現・常磐線)に接続した。翌1902(明治35)3月から日本鉄道に乗り入れ、上野〜成田間に2往復の直通列車が運転され、喫茶室付きの車両も連結した。成田鉄道は総武鉄道に接続する成田〜佐倉間より成田〜我孫子間の距離が3倍ほど長く、運賃収入も多く見込めるため、このルートに力を入れた。

　これで東京から成田へのルートは千葉経由、我孫子経由の2ルートが出現し、総武鉄道、成田鉄道の競争が始まった。総武鉄道も本所〜両国橋(現・両国)間を1904(明治37)年4月に延長し、より都心に近い隅田川に面した両国をターミナルとした。この時点では総武、成田鉄道の直通運転も復活している。1906年の日本鉄道国有化(→常磐線)後も成田鉄道からの上野直通列車は運転されたが、ライバルの総武鉄道も翌1907年に国有化され、この競争は沈静化した。成田鉄道も1920(大正9)年に国有化され、東京都内〜成田間は国鉄(鉄道省)によって運営されるようになったが、上野〜成田間(我孫子経由)の直通列車は引き続き運転された。成田以遠については1898年2月に成田鉄道により佐原までが開通したが、国有化後の1931年11月に笹川、1933年3月に松岸まで開通し総武本線に接続した。

国鉄VS京成

　1926(大正15)年12月、京成電気軌道(現・京成電鉄)京成津田沼〜成田花咲町(仮駅)間が開通し、押上から電車が直通して成田への競争が再燃した。京成は社名のとおり東京と成田を結び、成田山参拝客の輸送が第一の目的である。いわゆる寺社参詣鉄道で、東武の日光東照宮、近鉄(当時は参宮急行)の伊勢神宮、南海(高野線)の高野山と同じである。1930(昭和5)年4月、成田花咲町から300m延長され現在の京成成田駅が開設された。東京側のターミナルは押上で、浅草とは隅田川を渡った反対側で、都心部との連絡は路面電車(東京市電)だった。さらに都心乗り入れを目指し、1931(昭和6)年12月には青砥〜日暮里間が開通して山手線と接続し、1933(昭和8)年12月には日暮里〜上野公園(現・京成上野)間が開通し民鉄として初めて山手線の内側へ乗り入れた。

　1936年時点では上野公園および押上〜京成成田間の急行(護摩電と呼ばれた)は3往復。青砥で分割併合を行い、上野公園〜京成成田間1時間13分(普通は1時間27分)であった。当時省線と呼ばれた国鉄はもちろんSL牽引で、上野〜成田間(我孫子経由)1時間35〜40分である。これでは競争にならず京成の独壇場であった。

　戦後、世の中が落ち着き1952(昭和27)年5月から特急「開運」1往復が運転開始され、翌1953年5月からリクライニングシートの本格的ロマンスカー1600系が投入され、1編成が1往復する京成の1枚看板だった。所要時間も年々短縮され、1958年7月から60分運転(青砥停車)となった。この1600系は1967(昭和42)年11月から3200系セミクロスシート車に置き換えられたが、国鉄113系と同様の固定クロスとロングシートが混じり特急料金を取るにはお粗末な車両となった。とはいえ1968年時点では急行、準急それぞれ20分間隔で国鉄は問題にならなかった。1973(昭和48)年12月末から空港輸送用AE車による特急が京成上野〜京成成田間に参拝客輸送のために運転開始された。

成田線の電化と特急の登場

　成田線の優等列車は1961（昭和36）年10月から両国～佐原間にディーゼル準急「総武」2往復が登場し佐倉で銚子発着編成と分割併合した。翌1962年10月から「水郷」と改称され4往復となり、うち2往復は小見川まで延長された。1968（昭和43）年3月28日、千葉～佐倉～成田間が電化された。これは千葉以遠の人口増、建設が決定された新東京国際空港（成田空港）に対応したものである。1968年10月の全国ダイヤ改正時には「水郷」は定期4往復。両国（一部新宿）～佐原、銚子間で、佐倉で総武本線経由「犬吠」と分割併合した。朝上りと夕方下りは総武線国電（101系）が成田発着となった。翌1969年3月14日限りで上野～成田間（我孫子経由）の客車列車を牽引していたC57が引退し、翌日からDE10牽引となったが「上野駅から最後のSLが消える」とマスコミで騒がれた。

　我孫子支線と呼ばれる我孫子～成田間は1973（昭和48）年9月28日に電化され、上野直通電車は103系、線内ローカル電車は旧型72系となった。成田～松岸間は翌1974年10月26日に電化された。

　1975（昭和50）年3月のダイヤ改正で東京～鹿島神宮間113.1kmに183系特急「あやめ」4往復が登場したが、走行距離が最短の特急だった。急行も153系、165系で「水郷」2往復、「鹿島」1往復が運転された。1982年11月改正で急行は廃止され、特急「あやめ」5往復、「すいごう」（両国～銚子、成田線経由）2往復となった。なお、特急「すいごう」は183系で運用された。

成田空港への連絡鉄道

　1966年に建設が決定された成田空港の開港予定は当初1971年4月とされたが、国鉄、京成にとってまさに「降って湧いた」ような話だっただろう。京成では京成成田～成田空港間に新線を建設することになったが成田空港駅はターミナルビル地下に建設することは認められず1km以上離れた場所（現・東成田）になった。新線は1972年11月に完成したが、地元の強い反対で空港の開港見通しはた

たず、空港特急用AE車も1973年12月から成田山参拝客輸送に暫定的に使用された。

　成田空港は建設地の選定において地元との意思疎通が十分でなかったため強力な反対運動が起こり、開港は大幅に遅れ1978（昭和53）年3月と決まったが、その直前に過激派による管制塔襲撃事件が起こり開港は同年5月となった。開港に先立ち、国鉄では同年3月から東京（一部品川）～成田間の快速が増発され毎時1本となったが成田空港へは駅前からバスで25分だった。京成では空港開港と同時に新線（現・東成田線）が開通し空港特急スカイライナーが運転開始されたが空港ターミナルへはバス連絡であった。成田空港は都心から60km以上離れ「世界一遠くて不便な空港」といわれた。

　成田空港輸送のため成田新幹線が計画され、1972年に着工されたが沿線で反対運動が起こり用地買収も進まず1983年に建設は凍結され、1987年の国鉄民営化時に計画は失効したが、すでに新幹線用として完成していた成田線との交差点付近（成田市土屋）から空港への路盤と空港ターミナル直下の地下駅を活用してJRおよび京成は空港直下まで延伸されることになり、京成は旧・成田空港駅（現・東成田駅）の手前から分岐する地下新線が建設された。

　1991（平成3）年3月19日、JRと京成は成田空港地下駅に乗り入れ、JRは東京地下駅経由で新宿、横浜～成田空港間に253系によるNEX（成田エクスプレス）が運転開始され、113系快速も毎時1本運転され、京成も前年登場のAE100系による「スカイライナー」が乗り入れた。これにより、成田空港連絡は鉄道が定着した。厳密な話をすればJRの成田市土屋～成田空港間および京成の駒井野信号場（東成田の京成成田方）～成田空港間は成田空港高速鉄道（株）が第三種鉄道事業者でJR、京成が第二種鉄道事業者である。

　都心との所要時間をさらに短縮するため成田高速鉄道アクセス（株）（第三種鉄道事業者）が設立され、都心から京成本線、北総鉄道を経由し印旛日本医大から成田市土屋（JR成田線との交差地点）付近まで新線が建設され、それから先は成田新幹線用

に建設された複線路盤の一方を利用して(JRと京成は単線並列、この区間は成田空港高速鉄道が第三種鉄道事業者)で成田空港まで運行することになり、2010年7月17日、京成成田空港線(京成高砂～成田空港間は京成電鉄が第二種鉄道事業者)が開通し、空港第2ビルの手前で従来の京成成田からの路線と接続した。同時に最高160kmの新AE型によるスカイライナーが運転開始され、日暮里～成田空港36分がキャッチフレーズである。

　また、普通乗車券のみで利用できるアクセス特急は、都営地下鉄浅草線を介し京浜急行電鉄の羽田空港へ直通する列車も運行されている。時間短縮が望めないJRでは2010年7月1日から成田エクスプレスを全列車E259系として「防戦」した。

成田線の今

　成田線は同じ線名でも3線区ある。佐倉～松岸間の「本線」、我孫子～成田間の「我孫子支線」、成田～成田空港間の「空港支線」であるが、これらの名称は通称で正式なものではない。かなり距離のある線が3線とも同じ線路名称というのは他に例がない。現在の成田線佐倉～成田空港間は成田空港への連絡線でE259系のNEX(成田エクスプレス)やE217系の快速が頻繁に運転されているが、近年は国際線の羽田への回帰、都心と成田空港を結ぶ格安高速バス(片道1000円)の出現で特にNEXの利用が減っているようである。なお、E217系の置き換え用として横須賀・総武快速線用新造車両E235系の導入が決定している。

　我孫子支線は実質的に常磐快速線の支線で電車も常磐線と同じE231系であるが、我孫子寄りでは宅地化が進む。成田～松岸(銚子)間は純然たるローカル線で電車は209系2000・2100番台であるが鹿島線直通のEF64、EF65、EF210が牽引するコンテナ貨物列車が鉄道ファンの熱い視線を浴びている。

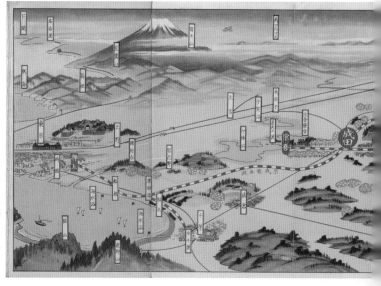

成田鉄道沿線名所案内【昭和戦前期】
宗吾駅、成田駅、八街駅、八日市場駅などを結んでいた、成田鉄道(二代目)の路線図である。1927(昭和2)年に成立した成田鉄道は、八街線、多古線、成宗軌道線で営業していたが、戦前から戦中にかけて各路線を休止、廃止して鉄軌道事業から撤退。1956(昭和31)年、現在の社名である千葉交通と改称した。桜の花に彩られたこの路線図では、親会社である京成電気軌道の路線(京成電車線)により東京方面と結ばれてこともわかる。

鹿島線の歴史

臨海工業地帯への新線

　利根川河口から太平洋（鹿島灘）に沿って大洗まで続く海岸線は砂浜と松林が続いていた。この利根川、太平洋、霞ヶ浦に囲まれた地域は茨城県鹿行地域と呼ばれるが、長く開発から取り残されていた。1960年代に入り、この一帯が臨海工業地帯として開発されることになり、20万トンの船が出入りできる鹿島港が建設され、住友金属（現・日本製鉄）鹿島製鉄所など大規模工場が進出することになった。それに伴い鹿島線および鹿島臨海鉄道の建設が急ピッチで進み1970（昭和45）年8月20日、鹿島線香取〜鹿島神宮間が開通した。水郷地帯を走る鉄道公団（日本鉄道建設公団）が建設した新線で全線高架線である。同年11月には鹿島神宮〜北鹿島（現・鹿島サッカースタジアム）間が延長され、同時に鹿島臨海鉄道（北鹿島〜奥野谷浜間）が開通し貨物列車が運転開始された。北鹿島〜水戸間も鹿島新線として1971年に建設が始まったが、1983年に当時の国鉄が開業は困難との意向を示したため鹿島臨海鉄道が引き受けることになり、1985（昭和60）年3月14日鹿島臨海鉄道大洗鹿島線（北鹿島〜水戸間）が開通した。なお、1978年3月から1983年8月まで鹿島神宮〜北鹿島〜鹿島港南間で1日3往復の旅客列車（ディーゼル車）が運転された。

鹿島線の今

　鹿島線は開通時にはディーゼル急行「水郷」が佐原〜鹿島神宮間普通列車として直通した。1974（昭和49）年10月26日香取〜北鹿島間が電化され、1975年3月から183系特急「あやめ」が当時日本最短距離の特急として運転開始された。この当時、急行「鹿島」も153系・165系電車で運行されていたが、わずか7年半の生涯であった。東京と鹿島臨海工業地帯を直結する高速バスの登場で「あやめ」は徐々に本数を減らし、2015年3月に定期運行が廃止された。2014年3月時点の最後の「あやめ」はE257系500番台で朝上り2本、夜下り2本の2往復運転。うち1往復は東京〜鹿島神宮間（佐原〜鹿島神宮間普通列車）、もう1往復は東京〜銚子間（成田線経由、佐原〜銚子間普通列車）で実質的な通勤ライナーだった。

　現在はすべて普通列車で209系2000・2100番台で運行されるが、1往復（朝上り、夜下り）はE217系4両で東京方面直通である。沿線は高架線であるため眺めは抜群で、北浦鉄橋（延方〜鹿島神宮間1236m）、利根川鉄橋（香取〜十二橋間671m）、北利根川鉄橋（十二橋－延方間330m）と長い鉄橋があり水郷の眺めを満喫できる。

酒々井駅は1897（明治30）年１月、成田鉄道（初代）の駅として開業し、1920（大正９）年９月に国鉄（現・JR）の駅となった。
これは地上駅時代の木造駅舎で、1989（平成元）年に現在のような橋上駅舎に変わっている。
◎酒々井　1966（昭和41）年８月21日　撮影：荻原二郎

当時は北海道の駅と思われるほど空は広かった酒々井駅。現在の駅舎は、かまぼこ形状の高い天井とガラス張りの壁面を有する開放的な橋上駅であり、堂々と15両編成の電車が停車する。◎酒々井 1966（昭和41）年　撮影：荻原二郎

成田駅停車中のキハ45先頭の千葉行き。キハ45は1966（昭和41）年に登場した近郊形ディーゼル車。両開き2ドアでラッシュに対応したがクロスシートが多く、急行に連結されることもあった。◎成田　撮影：山田虎雄

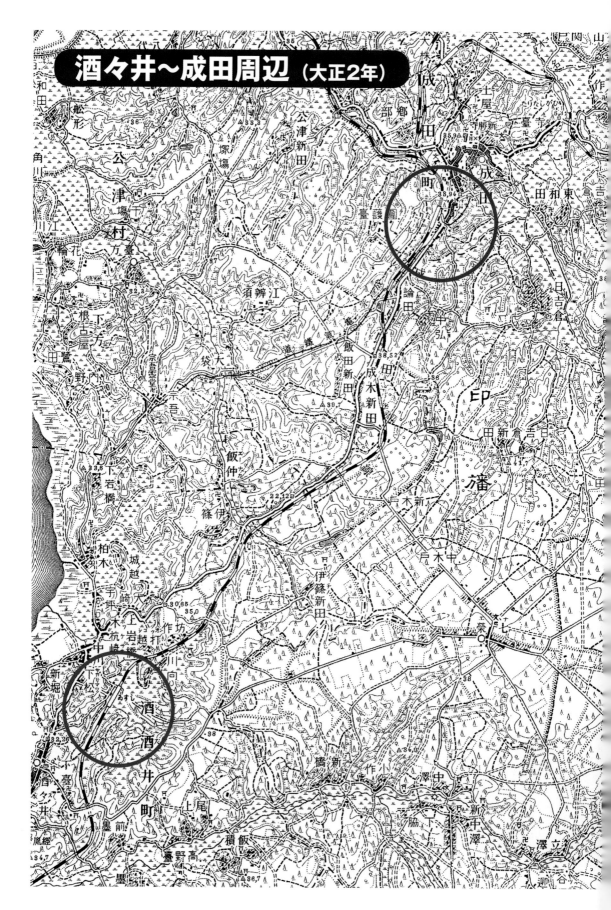

酒々井～成田周辺（大正2年）

140

1913（大正2）年の成田付近の地図で、現在、成田国際空港などがある東側には下総御料牧場が広がっていた。西側には初代成田鉄道（現・総武本線）とともに宗吾電車（成宗電気軌道）が走っており、東側では金成田駅から延びる千葉県営鉄道が存在した。東側の路線はこの後、成田鉄道（二代目）となり、太平洋戦争中に休止（後に廃止）される。

成田山新勝寺の門前町として発達した成田市内、国鉄成田駅と
京成成田駅付近の空撮写真で、この当時、京成成田駅は終着駅
だったが、京成本線は1年後（1978年）に成田空港（現・東成田）
駅まで延伸する予定で、既に線路の姿が見えている。両駅の間
からは、新勝寺に至る参道が続いており、参詣客目当ての商店
や旅館などが並んでいた。
◎成田駅付近　1977（昭和52）年8月23日　提供：朝日新聞社

ボンネットバスが並んでいる成田駅の駅前風景である。成田駅は、成田山新勝寺の門前駅であり、東側に存在する京成成田駅とともに成田市の玄関口となっている。かつては成田鉄道（二代目、後の千葉交通）多古線と連絡していた。◎成田　1960（昭和35）年

成田駅は1897（明治30）年1月、初代成田鉄道の佐倉〜成田間の開通時に起終点駅として開業している。この駅舎は1937（昭和12）年に建て替えられた本屋で、戦後の1977（昭和52）年から橋上駅舎への改築工事が始まることとなる。◎成田　撮影：山田虎雄

1979（昭和54）年4月の橋上駅舎完成に向けて、改築工事が行われていた頃の成田駅の駅前風景でタクシーの姿がある。この橋上駅舎が完成したことで、東西自由通路を利用できることとなり、西口側の駅前に駐輪場が整備されるなど利便性が向上した。◎成田　1977年頃　撮影：山田虎雄

成田駅到着のＣ57 71（佐倉機関区）牽引の臨時客車快速ふどう号。1968年春の成田山御開帳の参拝客輸送のため上野〜成田間に常磐線経由で運転。電車を頻発する京成電鉄と比べ時代遅れの感はぬぐえなかった。◎成田　1968（昭和43）年５月　撮影：宇野 昭

上野〜成田間の客車快速ふどう号は５両編成のうち４両が狭窓のスハ32系で最後部スハフ32には「ふどう」のテールマークがついている。煙を吐く汽車にわざわざ乗る人は鉄道マニアで、空いていた。◎成田　1968（昭和43）年５月　撮影：宇野 昭

成田空港の開業に際し新製投入された253系により、首都圏の各ターミナルから「成田エクスプレス」が運転された。ライバルの京成電鉄「スカイライナー」とともに空港旅客を運んだ。東武日光・鬼怒川線との相互直通運転用の1000番台を残して2010年E259系と交代した クロ253－8。◎酒々井〜成田　1993（平成５）年12月５日　撮影：長谷川明

1971（昭和46）年、建設中だった成田国際空港（新東京国際空港）の滑走路付近の空撮写真である。羽田空港から変わる新しい東京の空の玄関口は、この7年後の1978（昭和53）年5月に開港にこぎつける。江戸時代まで、このあたりは「三里塚」と呼ばれる佐倉牧の一部で、里程を示す塚があったとされ、明治維新後は御料牧場になっていた。◎成田空港付近　1971（昭和46）年2月1日　提供：朝日新聞社

165系使用の「鹿島線電化祝賀電車」9591M。◎成田1974（昭和49）年11月1日　撮影：長谷川明

165系使用の「成田線電化祝賀電車」9491M。
◎成田1974（昭和49）年11月1日　撮影：長谷川明

総武本線（佐倉〜八日市場〜銚子）、成田線（成田〜松岸）、鹿島
線の「北総3線電化」開業式は、1974年11月1日に成田駅で
開催された。113系「総武本線全線電化祝賀電車」9391M。
◎成田　1974（昭和49）年11月1日　撮影：長谷川明

1970年代前半、成田国際空港（新東京国際空港）周辺では、開港をめざした工事が急ピッチで進められていた。これは、空港建設用の砕石輸送列車が成田線から延びる新東京国際空港公団専用線の終点である、土屋資材基地にやってきた風景である。この資材輸送基地は、開港後にウイング土屋となり、商業地区として開発が行われた。
◎土屋中継基地付近　1971（昭和46）年1月　提供：朝日新聞社

燃料輸送列車を牽引のDD51 887＋DD51 801が成田駅に到着した。成田空港は1978（昭和53）年5月の開業後も、パイプラインの工事が遅れて、厳しい警戒態勢の下に航空燃料の輸送列車が京葉・鹿島両コンビナートから、1982年まで運転された。◎成田　1982（昭和57）年8月30日　撮影：長谷川明

DD51牽引の14系座席車による成田臨。成田駅は快速電車15両編成の乗入れに備え、ホームが延長された。快速の15両化は横須賀線との直通に備えグリーン車が連結された。
◎成田　1980（昭和55）年1月24日
撮影：宇野 昭

ローカル列車が電車化されても郵便荷物輸送は行われた。郵便荷物電車クモユニ74を連結した113系のローカル電車。左は成田線の我孫子支線。
◎成田～久住　1977（昭和52）年6月4日　撮影：宇野 昭

滑河駅で80年以上使用されてきた、木造駅舎は2005（平成17）年2月、現在のような鉄筋コンクリート造の駅舎に建て替えられた。この木造駅舎は、初代成田鉄道が買収されて国有鉄道になった1920（大正9）年に建てられたものである。◎滑河　1971（昭和46）年6月23日　撮影：荻原二郎

千葉寄りの隣駅の久住と同様 成田市に所在する滑河駅は「成田ゆめ牧場」への最寄り駅である。電化後、かつては183系で運転されていた「特急すいごう」も停車した。◎滑河　1964（昭和39）年12月30日　撮影：荻原二郎

1926（大正15）年4月に開業した大戸駅には、駅舎が置かれておらず、屋根のない跨線橋が上下線のホームを結んでいる。香取市大戸川に存在するこの大戸駅の北側には、国道356号（利根水郷ライン）が走っている。◎大戸　1971（昭和46）年6月23日　撮影：荻原二郎

「祝 鹿島線開通」の看板が掲げられている佐原駅の駅前で、タクシー、自家用車が並んでいる。1898（明治31）年 2 月、初代成田鉄道の駅として開業。1931（昭和 6 ）年11月まで長く終着駅の時代が続いた。鹿島線の開通は1970（昭和45）年 8 月。
◎佐原　1970（昭和45）年 8 月　撮影：山田虎雄

2011（平成23）年 3 月に竣工した二代目駅舎がある佐原駅だが、現在の駅舎もこの初代駅舎の面影を残した、瓦屋根のある和風建築となっている。香取市佐原には江戸時代の古い街並みが残り、小江戸・水郷の街として多くの観光客が訪れている。
◎佐原　撮影：山田虎雄

1970（昭和45）年8月20日、鹿島線開通時の佐原駅でホームに祝鹿島線開通の飾りが見える。中央はDE10 55（佐倉機関区）が牽引する千葉発銚子行き客車列車。左側の0番線は切り欠きホームで鹿島線のキハ26（2両）が停車中。
◎佐原　撮影：山田虎雄

佐原駅は利根川の水運で栄え、古い町並みが残る旧・佐原市（現・香取市）の玄関駅。キハ17「房総の休日」が運転されていたのは約半世紀前。◎佐原　1959（昭和34）年3月29日　撮影：荻原二郎

北側を悠然と流れる利根川との間が水路で結ばれていた佐原は、「北総の小江戸」と呼ばれ、舟運による物資の集散地として大いに栄えてきた。総武本線の佐原駅は、中央やや右下に置かれており、江戸時代以来の街の中心地は右（東）側の小野川沿いに広がっている。右上（北東）に見える学校は、現在の香取市立佐原中学校で、広いグラウンドを有していた。
◎佐原駅周辺　1979（昭和54）年10月23日　提供：朝日新聞社

鹿島線との分岐駅香取を通過する「水郷」。当初は1962（昭和37）年10月。準急「犬吠」との併結で新宿・両国と佐原・小見川を結ぶ準急として誕生した。その後、急行化され鹿島神宮行き編成も登場した。
◎香取　1971（昭和46）年7月15日　撮影：荻原二郎

復活した大型蒸機ハドソンC61 20を借り入れて「SLおいでよ銚子号」が、2月9日から11日までの3日間、佐原から銚子間で運転された。復路の銚子から佐原間は、「DLおいでよ銚子号」で運転。
◎笹川　2013（平成25）年2月10日　撮影：長谷川明

1931（昭和6）年11月、成田線に開業した笹川駅。開業前の仮駅名は「下総笹川」で、このときに東北本線・水郡線にあった笹川駅は、安積永盛駅に改称している。この平屋建ての木造駅舎は、現在もそのまま使用されている。
◎笹川　1964（昭和39）年12月30日　撮影：荻原二郎

1933（昭和8）年3月、成田線の駅として開業した下総豊里駅。長年使用されてきたこの木造平屋建ての駅舎は、2008（平成20）年3月に改築された。駅の所在地は銚子市笹本町で、駅付近に豊里ニュータウンが開かれている。
◎下総豊里　1971（昭和46）年6月25日　撮影：荻原二郎

58683号機の牽く成田線列車、客車も木造車である。成田線列車は上野発の最後の蒸機けん引列車として1973（昭和48）年まで残った。機関車も8620、C51（239号も含む）、C57 と変わった。撮影場所は今の列車線と各停線の立体交差付近だが、線路の両側には一面の水田が広がり、彼方には屋敷林に囲まれた農家が点在する。
◎金町〜松戸　1954（昭和29）年 6 月12日　撮影：長谷川明

我孫子付近を走るＣ57形蒸気機関車牽引の客車列車。撮影日の翌々月に成田線から撤退した。現在この付近で、常磐緩行線乗り入れの小田急電鉄4000形電車が走ろうとは想像も出来なかった。
◎東我孫子〜我孫子　1969（昭和44）年 1 月11日　撮影：林 嶢

我孫子駅に停車中の成田行きキハ17系ディーゼル車と上野行きの401系常磐線中距離電車。
◎我孫子 1962（昭和37）年5月1日 撮影：宇野 昭

成田線我孫子〜成田間電化完成を祝う駅前の飾りつけ。我孫子駅は1971（昭和46）年4月の綾瀬〜我孫子間複々線化、常磐線各駅停車と地下鉄千代田線との直通運転開始時に橋上駅となったが、駅前は以前のままで昔の面影が残る。◎我孫子 1973（昭和48）年10月 撮影：山田虎雄

成田線我孫子〜成田間の電化は1973（昭和48）年9月28日に完成。電化完成を祝う我孫子駅ホームの飾り付け。背後には常磐線貨物列車を牽引するEF80が見える。
◎我孫子 1973（昭和48）年10月
撮影：山田虎雄

常磐線と成田線の接続駅となっている我孫子駅は、人口約13万人の我孫子市の玄関口。1896（明治29）年12月、日本鉄道の駅として開業している。1971（昭和46）年4月に駅の改築工事が完成して、南北自由通路を有する橋上駅舎が誕生した。◎我孫子　1973（昭和48）年3月10日　撮影：荻原二郎

常磐線と営団地下鉄（現・東京地下鉄）千代田線の相互直通運転は、1971（昭和46）年4月から開始された。営団は6000系を投入したが、国鉄は抵抗制御の103系1000番台を新製した。地下線内の放熱が問題となり、203系に置き替えとなり、同車は地上線に転用され（写真右）、常磐快速線に使用のほか56両が105系に改造され和歌山線や可部線に転用された。◎我孫子　1996（平成8）年1月15日　撮影：長谷川明

我孫子駅に停車中の103系15両編成。この駅止まりの5両を切り離した後に取手に向かう。常磐線は103系で最大の15両編成の運転線区だった。成田線への分割・直通の運用もあり、珍しい2段の行先表示が見られた。◎我孫子　撮影：長谷川明

東京方面のベッドタウンとして周辺は住宅が立ち並ぶ湖北駅。駅名の由来は手賀沼の北に位置することから。当駅からは常磐線の天王台駅まで地元の阪東バスが頻繁に運行されている。◎湖北　1971（昭和46）年7月15日　撮影：荻原二郎

成田線の長閑な区間を貨物列車牽引の蒸気機関車が走る。現在、我孫子支線は常磐快速線と乗り入れる列車が多く車両はＥ231系で統一されている。一部は上野東京ライン経由で品川まで運転される。
◎新木〜湖北　1969（昭和44）年1月11日　撮影：林　嶬

我孫子市内の成田線我孫子支線、布佐〜木下間の田園
地帯を行くSL牽引の旅客列車である。全国的に電化
工事が進む中、首都圏においても成田線の無煙化は遅
れており、成田〜我孫子間が電化されるのは1973（昭
和48）年9月である。先頭を走る蒸気機関車（SL）は、
佐倉機関区をねぐらとする「貴婦人」、C5777号機
だった。◎布佐〜木下　1967（昭和42）年10月9日
提供：朝日新聞社

電化に向けての試運転電車クモハ
73110が、気動車列車キハ35Ⅰ01と
交換する。成田線我孫子支線も電化
当初は72系が使用されていた。
◎布佐　1973（昭和48）年9月16日
撮影：長谷川明

成田臨でやってきたクハ189-511
「彩野」9847M。E257系の投入で
余剰気味となった189系を2003年
に改造して誕生。日光にちなんだ派
手な塗色だったが、2006年に新宿
～東武日光間の相直開始で、485系
の予備編成となり塗色が変更され
た。253系1000番台に置き替えられ
2011年廃車。◎木下　2004（平成
16）年1月8　撮影：長谷川明

成田線我孫子支線を走るエメラルド
グリーンの103系付属5両編成。我
孫子支線電化時、上野直通が常磐線
快速の103系、線内折返しは旧型72
系だったが、後に線内折返しは113
系を経て103系の付属5両編成と
なった。◎木下～小林　1996（平成
8）年1月21日　撮影：宇野昭

103系1000番台の成田発我孫子行きローカル電車。先頭はクハ103-1000。1971（昭和46）年に地下鉄千代田線乗り入れ用として登場。後に快速に転用され塗装もエメラルドグリーンとなった。常磐快速および我孫子支線の103系は2006年3月まで運行された。◎小林　2002（平成14）年1月　撮影：山田 亮

錦糸町〜東京間地下線乗入れ対応のATSを装備した113系1000番台の4両付属編成。当時は幕張区の車両も使用されていたが、その後松戸区の車両に統一された（103系→E231系）。当線には1986年頃に阪和線（天ヒネ）から113系が塗装替えせず運用に就いた記録もある。◎木下〜小林　1988（昭和63）年1月21日　撮影：宇野 昭

EF65 1030（田端運転所）が牽引する12系客車9両編成の団体臨時列車。木下〜小林の直線区間は撮影名所で特に1月の成田臨運転日には多くのファン（撮り鉄）が沿線に集まった。◎木下〜小林　1996（平成8）年1月21日　撮影：宇野 昭

成田線我孫子支線を走る72系旧形電車。我孫子〜成田間は1973（昭和48）年9月に電化され、主に線内折返しには72系、上野〜成田間の常磐線直通には103系が投入された。
◎小林〜安食　1977（昭和52）年8月7日　撮影：宇野 昭

成田線我孫子支線、長門川の鉄橋を渡る113系の4両編成。成田線の旧型72系は不評だったが1977（昭和52）から横須賀線色の113系に置き換えられた。◎小林〜安食　1988（昭和63）年1月10日　撮影：宇野 昭

EF65 1000番台が牽引する14系客車の団体臨時列車。14系座席車は1972（昭和47）年に登場した特急と同様の簡易リクライニングシートを装備した客車で団体列車や多客期の臨時列車に使用された。◎小林〜安食　1988（昭和63）年1月10日　撮影：宇野 昭

1968（昭和43）年10月改正以降も成田線我孫子支線にはC57牽引の客車列車が上野～成田間2往復、線内折返し3往復が残ったが、翌1969年3月にDE10となった。C57 71（佐倉機関区）牽引の上野発成田行き普通825列車（上野10:41～成田12:27）。◎安食　1969（昭和44）年1月27日　撮影：林 嶢

成田線の我孫子～成田間の区間電車は1973年の電化時は旧型72系、後に113系となったが、1995年から常磐線快速と同じ松戸電車区（現・松戸車両センター）の103系となった。E231系は2002年から投入され、2006年3月にE231系に統一された。◎下総松崎　2007（平成19）年1月14日　撮影：太田正行

お召機EF58 61（田端運転所）が牽引する12系客車の成田山初詣列車。毎年1月には各地からの成田山初詣の臨時列車が運転され、機関車の種類も多く鉄道ファンの絶好の被写体だった。◎安食　1988（昭和63）年1月10日　撮影：宇野 昭

クハ79427を先頭の試運転電車がやってきた。このあたりの風景は今もあまり変わらない。
◎小林〜安食　1973（昭和48）年9月16日　撮影：長谷川明

成田線の我孫子支線を行くEF81牽引の14系客車による成田山初詣臨時列車。先頭のEF81は田端運転所配置で寝台特急「北斗星」（上野〜札幌）も牽引するいわゆる「星ガマ」。◎安食〜下総松崎　1991（平成3）年1月6日　撮影：宇野 昭

十二橋～潮来間の北利根川鉄橋を渡る183系特急「あやめ」。「あやめ」は1975年3月に登場した日本最短距離の特急。運転開始時は4往復だったが、高速バスの影響で1993年時点では3往復になり、佐原～鹿島神宮間が普通列車となった。◎十二橋～潮来1993（平成5）年12月11日　撮影：太田正行

今や房総の顔となった209系、クハはセミクロスに改造されたとは言え、寿命10年と言われた京浜東北・根岸線の通勤型から改造・転属は意外だった。113系の後継となった211系の時代は短かった 。
◎鹿島神宮〜延方　2017（平成29）年1月29日　撮影：長谷川明

鹿島線の北浦鉄橋を行く183系特急「あやめ」。あやめは1975（昭和50）年3月のダイヤ改正で東京〜鹿島神宮間に登場した当時国鉄最短距離の特急。1985年3月から佐原〜鹿島神宮間が普通列車化された。◎延方〜鹿島神宮　1991（平成3）年4月29日　撮影：宇野 昭

佐原で発車を待つ鹿島神宮行きの旧型国電。鹿島線は水戸までの建設も進められたが、この区間は国鉄再建法により鹿島臨海鉄道が経営することになった。◎佐原　1977（昭和52）年6月4日　撮影：宇野 昭

1970（昭和45）年8月、鹿島線の香取〜鹿島神宮間が開通し、この十二橋駅が開業した。駅の構造は単式ホーム1面1線の高架駅である。駅のあるあたりは、江戸時代の新田開発により誕生した十六島（新島）という集落が存在している。
◎十二橋　1995（平成7）年5月27日　撮影：荻原二郎

お隣の十二橋駅とともに1970 (昭和45) 年 8 月、鹿島線の駅として開業した潮来駅。水郷として有名な茨城県の潮来市だが、お隣の千葉県香取市とのそれぞれの水郷エリアに水路が張りめぐらされており、「十二橋」と呼ばれる１２の橋が存在している。◎潮来　1971 (昭和46) 年 4 月 7 日　撮影：荻原二郎

潮来でDD51牽引貨物列車と交換する上り鹿島神宮発東京行き特急「あやめ」、前面の絵入りマークは「あやめ」を描いていた。「あやめ」は最盛期 6 往復だったが、高速バスの登場で次第に本数を減らし2015 (平成27) 年に廃止。
◎潮来　1993 (平成 5) 年 6 月17日　撮影：宇野 昭

開通初日の鹿島線鹿島神宮駅。鹿島線は香取〜鹿島神宮間だが佐原発着で一部は急行併結され新宿、両国から直通した。同年11月に北鹿島（現・鹿島サッカースタジアム）まで延長され貨物列車が運転され、鹿島臨海鉄道と接続した。
◎鹿島神宮　1970（昭和45）年8月20日　撮影：山田虎雄

鹿島神宮駅に停車中の183系「あやめ」、左はローカルの113系。通常期の旅客営業はこの駅までだが、サッカー競技開催時には、次駅の鹿島サッカースタジアム駅まで臨時運転される クハ183-39。◎1982（昭和57）年8月30日　撮影：長谷川明

1985（昭和60）年3月14日、鹿島臨海鉄道大洗鹿島線開通日の鹿島神宮駅。同時に鹿島神宮～北鹿島間が旅客営業することになり、大洗鹿島線の列車が乗り入れた。折から開催の科学万博（つくば博）の看板も見える。
◎鹿島神宮　1985（昭和60）年3月14日　撮影：山田虎雄

大洗鹿島線開通時に登場したもと国鉄キハ20形のキハ2000形2001。開通時に転換クロスシートを備えた新車キハ6000形も登場した。◎鹿島神宮　1985（昭和60）年3月14日　撮影：山田虎雄

【著者プロフィール】

山田 亮（やまだ あきら）

1953（昭和28）年生まれ、慶應義塾大学鉄道研究会OB、慶應鉄研三田会会員、元地方公務員、鉄道研究家として鉄道と社会とのかかわりに強い関心を持つ。

昭和56年、「日中鉄道友好訪中団」（竹島紀元団長）に参加し北京および中国東北地方（旧満州）を訪問、平成13年、三岐鉄道（三重県）創立70周年記念コンクール訪問記部門で最優秀賞を受賞（この作品は月刊鉄道ジャーナルに掲載）、現在は月刊鉄道ピクトリアル（電気車研究会）などに鉄道史や列車運転史の研究成果を発表。著書に「関西の国鉄　昭和30年代〜50年代のカラーアルバム」「相模鉄道　街と鉄道の歴史探訪」（2019、フォト・パブリッシング）がある。

【写真撮影】

伊藤威信、上原庸行、宇野 昭、太田正行、小川峯生、荻原二郎、長谷川明、林 嶢、矢崎康雄、山田 亮、山田虎雄、朝日新聞社

【絵葉書・沿線案内図所蔵】

生田 誠

総武本線、成田線、鹿島線
街と鉄道の歴史探訪

2020年5月7日　第1刷発行

著　者……………………山田亮
発行人……………………高山和彦
発行所……………………株式会社フォト・パブリッシング
　　　　　　　　　　　〒161-0032　東京都新宿区中落合2-12-26
　　　　　　　　　　　TEL.03-5988-8951　FAX.03-5988-8958
発売元……………………株式会社メディアパル（共同出版者・流通責任者）
　　　　　　　　　　　〒162-8710　東京都新宿区東五軒町6-24
　　　　　　　　　　　TEL.03-5261-1171　FAX.03-3235-4645
デザイン・DTP………柏倉栄治（装丁・本文とも）
印刷所……………………株式会社シナノパブリッシング

ISBN978-4-8021-3189-6　C0026